証拠は語る！"真実"へ導く！　図解科学捜査

图解科学侦查

[日] 山崎昭（法科学鉴定研究所董事）编著

安可 译

微物证据会说话

北京时代华文书局

图书在版编目（CIP）数据

图解科学侦查 /（日）山崎昭编著；安可译. -- 北京：北京时代华文书局，2020.12
ISBN 978-7-5699-3967-5

Ⅰ. ①图… Ⅱ. ①山…②安… Ⅲ. ①刑事侦查－图解 Ⅳ. ① D918-64

中国版本图书馆 CIP 数据核字 (2020) 第 237434 号

北京市版权局著作权合同登记号 图字：01-2019-8099

ZUKAI KAGAKUSOSA by Akira Yamazaki
© NIHONBUNGEISHA 2019
All rights reserved
Original Japanese edition published by NIHONBUNGEISHA Co., Ltd.
Chinese (in simplified characters only) translation rights arranged with NIHONBUNGEISHA Co., Ltd. through Digital Catapult Inc., Tokyo.

图解科学侦查
TUJIE KEXUE ZHENCHA

编 著 者｜[日] 山崎昭
译　　者｜安　可
出 版 人｜陈　涛
策划编辑｜高　磊
责任编辑｜邢　楠
执行编辑｜刘　磊
责任校对｜陈冬梅
装帧设计｜孙丽莉　段文辉
责任印制｜訾　敬

出版发行｜北京时代华文书局 http://www.bjsdsj.com.cn
　　　　　北京市东城区安定门外大街138号皇城国际大厦A座8楼
　　　　　邮编：100011　电话：010 - 64267955　64267677
印　　刷｜凯德印刷（天津）有限公司　022 - 29644128
　　　　　（如发现印装质量问题，请与印刷厂联系调换）
开　　本｜880mm×1230mm　1/32　印　张｜7.5　字　数｜150千字
版　　次｜2021年3月第1版　　　　　印　次｜2021年3月第1次印刷
书　　号｜ISBN 978-7-5699-3967-5
定　　价｜45.80元

版权所有，侵权必究

自序
科学证据从不说谎

在进行科学侦查以追查案件真相时，所运用的最前沿的科学叫作"司法鉴定学"。

"司法鉴定学（forensic science）是指将自然科学的理论与技术运用于犯罪调查，并协助法官在法庭上裁定犯罪嫌疑人是否有罪的一门学问。"日本对于司法鉴定学的这一定义源于日本原科学警察研究所副所长濑田季茂先生。

在司法鉴定领域，欧美国家发展较早，很早之前便采用了法医学、司法鉴定学等科学技术，成功抓捕了许多罪犯。日本在案件侦破方面也在不断进步，逐步从以往偏向罪犯自行招认向追求科学取证过渡，经过"二战"后许多研究人员的不懈努力，终于取得了与欧美国家不相上下的成果。

现在，司法鉴定不仅运用于刑事案件的侦破，而且还用在了很多民事案件的裁决上，如今，审判裁决也因司法鉴定的发展取得了大量成果。

而大大推动上述发展进程的正是计算机的出现。计算机为我们构建了一个庞大的程序库，其中储存了很多鉴定案例以及大量数据，当我们遇到某种现象时，便可以瞬间从程序库中找到与其对应的案例与数据。

此外，DNA（Deoxyribo Nucleic Acid，脱氧核糖核酸）鉴定技术让我们惊讶于其本领之高超，DNA鉴定已经超越了指纹识别，成为个体识别工具的王者。DNA鉴定可以从约47 000亿人当中识别出具体的某个人，且最新的试剂足以使其精度值在京[1]或垓[2]级别之上。不过，尽管指纹识别的王者之位被DNA鉴定抢占，但在最新的图像识别技术的帮助下，我们以前无法解析的指纹的特征点也已经变得能够解析。

DNA鉴定和指纹识别在解决过去的悬案上能发挥巨大的作用，警察可以在追诉时效[3]内对凶犯进行拘捕，进而侦破案件。并且，警方也可以以更加科学、迅速、精准的方法，应对今后各种各样的犯罪案件。科学证据不会说谎！

本书主要介绍现在犯罪调查的主流手段，包括指纹识别、DNA鉴定、人脸识别技术，再到鉴定伪造文书，以及交通事故和最近频频发生的网络犯罪、药物犯罪等的科学侦查方法。任何人都有可能遭遇犯罪，对此，我希望我们每个人都能够认识到，极其细

---

[1] 数量单位，10 000亿的10 000倍。——译者注
[2] 数量单位，京的10 000倍。——译者注
[3] 是指刑事法律中规定的追究犯罪分子刑事责任的有效期限。如超过追诉时效，则不再追究犯罪分子的刑事责任。——译者注

微的东西也可以成为决定性的证据!

另外,最近也出现了一些以司法鉴定和法医学等为题材的电视剧,这些作品不仅会一如既往地演绎生动有趣的故事,还会在故事中加入科学这味调味料,将电视剧打造得更加富有意义和深度。我想,即使把这本书当作《科学探案》[1]的解说版,应该也能获得前所未有的乐趣吧。

山崎昭

---

[1] 美国人科林·伊万斯(Colin Evans)所著,通过两百年间的大量经典刑事案例,讲述科学侦查的发展与进步。——编者注

目录

序章 尸体诉说的案件全貌

尸体会告诉我们哪些信息 ● 2
首先要分辨是自杀还是他杀

为什么能推断出死亡时间 ● 6
根据体温下降、尸斑、尸僵等的程度进行判断

如何根据尸骨特征确认死者身份 ● 10
通过颅骨和骨盆可判定死者性别

通过颅骨还原死者生前的容貌 ● 14
以计算机为辅助的颅像重合技术

分门别类的科学侦查机构 ● 18
鉴识科、科学搜查研究所、科学警察研究所

专栏 科学侦查都需要做什么 ● 21

第1章 识别个人的指纹识别

指纹识别发展为科学侦查王道之历程 ● 24
发现契机——日本古代的按指印和手印

日本人的指纹种类 ● 28
基本形状共四类，涡状纹最多

指纹——脊线形成的纹路 ● 32
指尖分泌的水分和皮脂附着形成的产物

比对指纹的特征点，锁定犯人 ● 36
12个特征点一致即为同一指纹

检验肉眼看不到的指纹的方法① ● 40
用粉末让脊线"原形毕露"的粉末法

检验肉眼看不到的指纹的方法② ● 44
液体法、喷雾法在内的40多种方法

瞬间比对有前科的犯人指纹 ● 48
自动指纹识别系统（AFIS）

专栏 是否可以将指纹从指尖抹掉 ● 52

第❷章 微观世界的名侦探——DNA鉴定

被誉为"生命设计图"的DNA ● 54
DNA为什么能精确地识别个人

5300年前的DNA揭秘人类发展历程 ● 58
跨越时间的DNA鉴定

什么是DNA鉴定 ● 62
检测不含遗传信息的碱基序列

DNA鉴定如何操作 ● 66
即便是微量的DNA也能用PCR法鉴定出来

辅助性DNA检测法 ● 70
线粒体DNA检测法与Y-STR检验法

不断进步的DNA鉴定 • 74
活用SNP，微量、劣化的样品也能鉴定

穿越时空、揭露案件真相的DNA • 78
有感于日本足利事件的DNA陷阱

专栏 拥有两种不同基因的"嵌合体" • 82

第 3 章 追查看不见的犯人——图像识别

街道警察——监控摄像头 • 84
在遏制犯罪和调查行踪时威力十足

监控摄像头拍不清晰的图像的处理方法 • 88
图像的平滑化与尖锐化

提取人脸特征点，与监控图像进行比对 • 92
将嫌疑人的面部照片3D化

骨骼能改变吗 • 96
利用骨骼3D模型、反向投影算法进行嫌疑人比对

技术日新月异的人脸识别与人脸验证 • 100
国际机场航站楼的出入境通道门

用影像系统识别逃逸车辆 • 104
利用车辆的3D模型锁定车型

专栏 融合新技术的监控摄像头 • 108

第 4 章 从细微的遗留物中鉴定出揭秘案件的成分

科学侦查专用ALS——照亮肉眼看不到的遗留物 • 110
将指纹、血液、足迹在内的一切痕迹变得肉眼可见

通过血痕可以推测出犯罪真相 • 114
鲁米诺反应及血痕形状调查

通过体液来锁定犯人 • 118
检查血痕、精液、唾液、尿液等痕迹

一根毛发也能完成个人识别 • 122
通过毛发的形状、粗细、颜色缩小嫌疑人范围

通过纤维分析得出高准确度的犯人画像 • 126
用显微镜鉴定纤维种类

足迹鉴定已进化为最新的科学侦查方法 • 130
从行动到性别、职业，对犯人进行全面推测

通过泥土和植物追踪犯人 • 134
极其多样化的泥土分布也能派上用场

专栏 不挖掘地面就能发现尸体的方法 • 138

第 5 章 鉴别潜伏于文字或声音中的犯人

文书鉴定需要比较哪些地方 • 140
运笔特征、笔画形态、笔画结构是很重要的因素

用计算机鉴定笔迹 • 144
将1个文字的150多个特征点数据化

篡改、伪造文书的鉴定 • 148
用最新的机器识破篡改、伪造文书

人的发声原理与分析方法 • 152
气息通过声道变为声音

分析声纹，识别个人 • 156
声纹分析装置——声音摄谱仪

分析声音传递出的犯人画像 •160
从犯人的电话中识别背景音

专栏 "吉展酱绑架杀人事件" •164

第6章 突发火灾及交通事故的鉴定

对经验和学识要求较高的交通事故鉴定 •166
科学鉴定事故原因和车辆行驶状况

揭秘交通事故的关键——事故模拟复原 •170
通过画像分析和高精度绘图让事故真相浮现

追捕肇事逃逸的犯人！ •174
分析路上的轮胎痕、漆膜片等痕迹

火灾鉴定查明火灾原因 •178
勘查起火位置，查明是纵火还是失火

专栏 将行车记录仪应用于案件侦查 •182

第7章 高发性威胁——滥用药物及毒物的鉴定

日益增长的网络犯罪 •184
网络犯罪横行

蔓延至年轻群体的药物滥用现象 •188
兴奋剂、大麻、麻醉剂等强依赖性药物

通过尿液或毛发检验药物 •192
用预检和确证检验鉴定药物的种类和使用情况

各式各样毒物泛滥的社会 •196
通过毒物种类追踪入手渠道

生化武器的威胁 • 200
沙林毒气、VX、炭疽杆菌攻击事件

通过枪弹痕迹鉴别枪支 • 204
凭借射击残渣和膛线痕迹锁定犯人

追击世界各地的爆炸恐怖袭击分子 • 208
从爆炸残渣的痕迹中推测犯人画像

专栏 日新月异的警察侦查系统 • 212

第 8 章 今后的科学侦查

不断进步的基因解读 • 214
用DNA还原犯人的容貌

采集及识别指纹的新武器 • 216
Livescan、3D指纹认证系统

用Cyber-Sign识破插图及记号伪造 • 218
分析笔在空中的移动轨迹和速度

侦查的新潮流——Comstat、太赫兹波 • 220
导入AI的安保系统

探索被检测人员的生理反应——多种波动描记器检测 • 222
检查呼吸、血压、皮肤电反应

序章

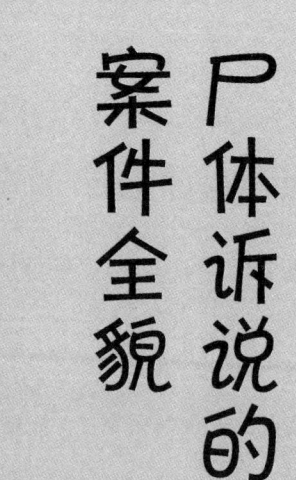

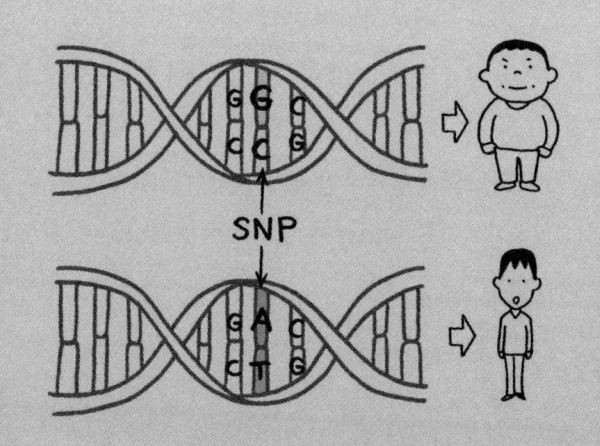

尸体诉说的案件全貌

尸体会告诉我们哪些信息
首先要分辨是自杀还是他杀

科学侦查的手法根据犯罪形式而定。犯罪形式多种多样，如杀人、毁尸、抛尸、伤害、强奸、盗窃、抢劫、绑架、诱拐等。

遇到横死者的尸体，当务之急是辨别死者是自杀还是他杀，或者是否死于疾病等。众所周知，DNA鉴定的精确度已经有了很大的突破，甚至被盛赞为"超越人类智慧的神灵之眼"，但仅凭DNA鉴定并不能完全了解整个案件。如果错误地判断了死者的死因，不仅会导致案件本身无法破获，倘若死者死于他杀而被误判，还有可能会出现下一个受害者，酿成更大的悲剧。我们经常在电视或其他媒体上听到"验尸"和"检视"这两个词。在日本，所谓的"验尸"，是指由专门的医生基于法医学知识对尸体进行检查的行为。如果是在医生的陪同下，由司法警察等代为检查的行为，则被称作"检视"。通过检视，人们能推断出死者的死因、死亡时间，验尸后出具的尸体检验鉴定书或检视后出具的尸体调查笔录将成为判定死者是自杀还是他杀的材料之一。

如果案件存在他杀的可能性，还会进行法医解剖中的司法解剖[1]。但在日本，大多数横死者的尸体都不会被解剖。

　　日本警察厅所发布的数据显示，日本实际横死的人之中，最终经过法医解剖的仅占11.2%（2012年公布数据），日本也因此被称作"伪装杀人的天国"。值得一提的是，世界上横死者尸体解剖率最高的国家是瑞典，解剖率高达89.1%。司法鉴定学是科学侦查的最新技术，法医学涵盖了检验横死者尸体的司法解剖等知识，二者作为揭开犯罪真相的两大手段，相辅相成，缺一不可。

> 观察现场就能大致判断出死者属于自杀还是他杀！

---

[1] 日本的法医解剖主要有司法解剖、行政解剖、承诺解剖、死因调查解剖四类。——编者注

验尸或检视能看出什么信息

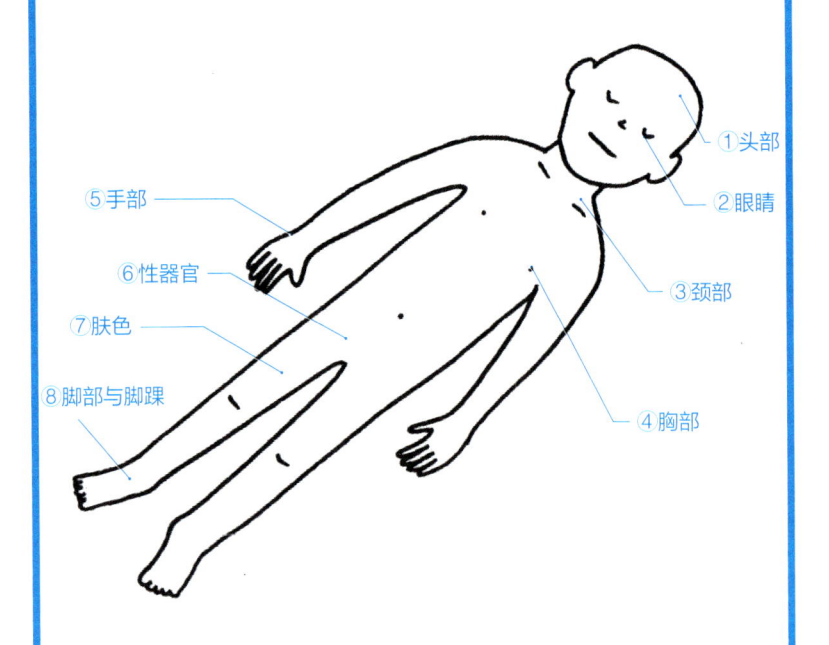

① 头部
② 眼睛
③ 颈部
④ 胸部
⑤ 手部
⑥ 性器官
⑦ 肤色
⑧ 脚部与脚踝

①头部　剃掉头发，观察有无被钝器所伤而留下的外伤伤痕。通过调查颅骨内子弹的角度、伤口的大小，有时可以排除死者自杀的可能性。

②眼睛　窒息而死时，结膜会有点状的出血（出血点）。

③颈部　确认索沟（绳印）。无论是用手或手腕勒死死者的扼杀行为，还是用细绳或麻绳勒死死者的绞杀行为，都会留下特定的索沟。因绞杀而死的被害者颈部往往能看到抓痕（日本将这种抓痕称为"吉川线"），而因扼杀而死的被害者的舌骨（位于喉结上方的半环形骨头）有时会出现断裂。

④ 胸部　通过胸部或肋骨处留下的刀伤或枪伤等，可以推断出凶器的种类或罪犯的惯用手等特征。

⑤ 手部　防身时留下的微小刀伤（防御性伤口）可以帮助锁定凶手所用的凶器。被害者如有过抵抗行为，有时可以从其指甲中得到施害者皮肤的碎屑（可用于DNA鉴定）。

⑥ 性器官　调查有无不自然的伤痕，怀疑有强奸杀人情节时会采集死者的体液。

⑦ 肤色　死者死于一氧化碳中毒或氰化物中毒时，有时可以透过其皮肤看到鲜红的血管。如看到瘀青（青紫色皮肤），一般认为死者临终处于窒息状态。通常需要确认尸斑。

⑧ 脚部与脚踝　该部位出现肿胀，死者可能患有慢性心力衰竭等心脏疾病。

现场取证判定死者自杀的三大要素

- 尸体处于密室环境中
- 现场没有争斗的痕迹
- 死者留有遗书

为什么能推断出死亡时间
根据体温下降、尸斑、尸僵等的程度进行判断

调查杀人案件很重要的一点就是确定死亡时间。推断出死亡时间,就可以了解案件发生的时间。而且,推断出死亡时间以后,便能有针对性地收集目击信息,确认犯罪嫌疑人有无不在场证明。那么,该如何推断死亡时间呢?

人死之后,身体会发生变化,这种变化叫作"尸体现象",通过验尸或检视对尸体现象加以调查,就能反推出死者的死亡时间。

推断死亡时间的一个很重要的线索就是体温下降。人在死亡后,体温大约每小时下降1℃,10小时后则每小时下降0.5℃左右。体温下降也会受死者的年龄和体格、外部环境等因素影响,因此法医学上要求测量两次以上直肠体温。

此外,眼角膜最容易变得干燥,死亡后,死者眼角膜会由通透的状态逐渐变为混浊不透明的状态,所以,通过角膜混浊程度也能推断出死者的死亡时间。角膜混浊现象大约出现于死者死亡6小时后,1~2天后,角膜混浊现象将变得非常严重。

人死后,血液循环停止,血液坠积于身体的低下部位,导致皮肤出现暗紫红色斑痕,即尸斑。尸斑在人死后30分钟左右就开始

显现，2~3小时便会很明显，12~15小时会达到高峰。而肌肉收缩导致的尸僵大约始于死亡2小时后，通常下颚、项部（颈的后部）、躯干、上肢、下肢的各个关节会依次出现该现象，12~15小时达到高峰，大约在两天后有所缓解。

随着时间的流逝，尸体会出现溶解和腐败现象，在地面上大约1年、埋于土中大约3~4年后就会白骨化[1]。通过调查死者的骨骼组织构造，也可以推断出死亡年数。

---

[1] 尸体软组织经腐败过程逐渐软化、液化，直至完全溶解消失，毛发和指（趾）甲脱落，最后仅剩下骨骼，此现象被称为"白骨化"。——译者注

推测死亡时间的要素

角膜混浊

角膜混浊现象发生于死者死亡约6小时后，1~2天后呈现严重的混浊现象。眼睛的开闭方式和外界温度会对角膜混浊程度有影响。

食物消化

人摄入食物大约5个小时之后，胃部就会变空。人死之后，胃部的食物依然会受到胃液的消化作用，不过食物消化程度有很大的个体差异，在判定死亡时间的时候要多加注意。

体温变化

人死以后，体温一般可以维持几十分钟，1~10小时内体温每小时下降1℃左右，10小时后每小时下降约0.5℃。但是，如果气温高于体温时，则体温可能会升高。体温会随着环境因素的变化而变化。

尸斑

血液停止流动，坠积到身体的低下部位，皮肤出现尸斑。尸斑出现于死者死亡后30分钟左右，12~15小时后达到高峰。从尸斑的颜色等能够推断出死者死亡时的体位和死因等。

尸僵

尸僵通常在死后12~15小时最为严重，两天左右有所缓解。外部温度越高，尸僵现象发生得越早，且持续时间越短。

晚期的尸体现象

自溶与腐败　人在死亡之后，身体因酶的作用而发生细胞溶解现象（自溶），同时也会因体内和周围环境中的细菌、霉菌作用发生分解现象（腐败），自溶与腐败最终导致尸体分解。

*自溶与腐败一般会同时进行。

白骨化　地面上的尸体经过1年、埋在土中的尸体经过3~4年，几乎就能完全白骨化。

> 尸体现象受环境和个体差异的影响非常大！

如何根据尸骨特征确认死者身份
通过颅骨和骨盆可判定死者性别

尸骨上有20多个可以判断死者性别的部位,大多集中于颅骨和骨盆。就以颅骨为例,男性头顶较为发达(头顶型),女性则额骨较为发达(前额型)。而且,男性的颅骨更为坚固,呈现凹凸不平的状态,女性的则更加致密,凹凸较少。此外,男性和女性的眉弓、眉间、颧弓、颞骨乳突、下颌骨等也会显出一定差异。用颅骨判定死者性别的正确率大约为90%。

同颅骨相比,骨盆呈现的性别差异更为显著。男性的骨盆整体坚硬,骨头肥厚,骨盆外形高而狭小。骨盆上口呈"心"形,相较于女性更为狭小。而女性的骨盆骨头比男性的薄,外形矮且宽大。骨盆上口呈椭圆形,较宽阔,耻骨弓角度超过90度,呈英文字母"U"形。

闭孔由坐骨和耻骨包围而成,男性的闭孔是圆形的,女性的闭孔形状近似三角形,从正面观察骶骨,会发现男性骶骨狭长,女性骶骨宽短。另外,可以从颅骨缝推测死者年龄,一般与实际年龄相差不到10岁。也可以结合耻骨联合面[1]或者牙齿磨损程度等，用尽可能多的骨骼特征来综合判断死者的年龄。

死者的身高可以由组成四肢的长骨（包括肱骨和股骨）比例，按照身高计算公式推断得出。

通过骨骼判断死者身份

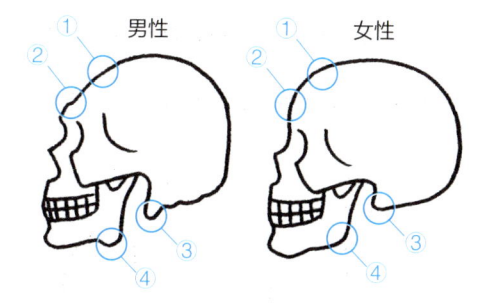

性别

颅骨差异（男性整体偏大）

① 颅盖　男性头顶部发达，女性额头的骨骼较为突出。

② 眉弓　眉部弓形骨骼，男性的突出，女性的不突出。

③ 颞骨乳突　颞骨后下方的乳状突起，男性的大且突出，女性的较小。

④ 下颌骨　男性的呈直线状，凹凸不平；女性的略微圆滑。

---

[1] 耻骨联合部内侧呈长卵形的粗糙面。——译者注

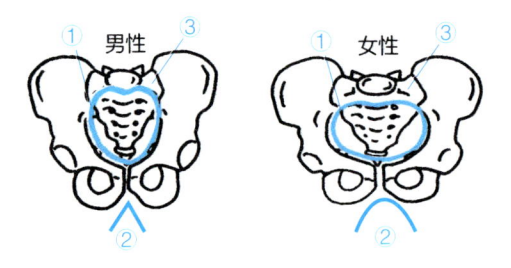

骨盆形状差异

①**骨盆边缘（骨盆上口）** 男性的狭小，呈"心"形；女性的宽阔，呈椭圆形。

②**耻骨弓** 男性的呈锐角，形似英文字母"V"，女性的为钝角，形似英文字母"U"。

③**骶骨** 从正面看男性的较窄，女性的较宽。且男性的更长。

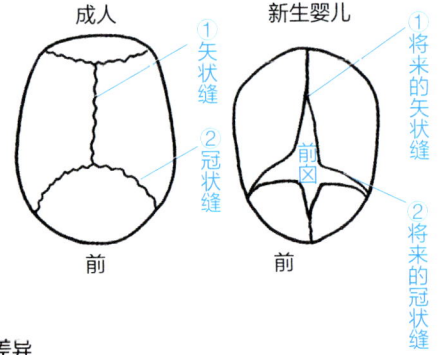

年龄

颅骨缝差异

人在刚出生时，颅骨是由45块尚在发育的头骨构成的，随着年龄的增长，头骨间的缝隙（矢状缝、冠状缝等）会慢慢合并。从合并的程度可以推断出大致年龄。新生婴儿的前囟一般在两岁左右就会完全闭合。

肱骨

股骨

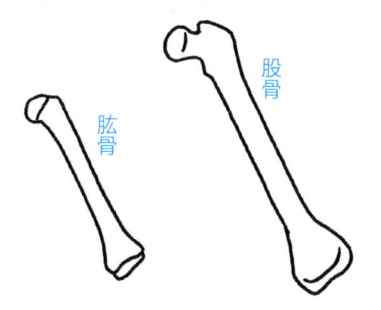

身高

通过肱骨和股骨等人体较长的骨头可以计算出身高。一般认为,用股骨测量最为准确。此外,骺线[1]会在人20~24岁时愈合。

※卡尔·皮尔逊(Karl Pearson)[2]身高推算算式

推测身高(厘米)=81.036+1.880×股骨最大长(厘米)

---

[1] 青春期前后,软骨细胞失去增殖能力,骺软骨为骨组织所代替,骺与骨干完全接合。在成人长骨的纵切面上,常显出一条骨化的骺软骨遗迹,被称为"骺线"。——译者注
[2] 现代统计科学的创立者。英国著名统计学家、应用数学家。——译者注

通过颅骨还原死者生前的容貌
以计算机为辅助的颅像重合技术

通过尸骨确认死者身份的方法大致可以分为两种。

一种方法是将目标人物生前的照片或者X光片,和尸骨的颅骨进行比对,确定是否属于同一人。

目前主要采用的方法叫作"三维颅像重合法"。用摄像机拍摄颅骨,获取颅骨的信息,或者用CT(Computed Tomography,计算机层析成像仪)扫描后,再在显示器上对照。这种方法,通过转换颅骨的方向和调整画像大小,甚至可以准确地推测出皮肤和肌肉的厚度,核对的精准度非常高。

在使用三维颅像重合法之前,对比颅骨的主要方式是颅像重合法。

这种鉴定方法的原理是将身份不明的死者颅骨与目标人物的面部照片相重叠,比较眉毛、眼窝、口唇等18个部位的位置关系。

早在20世纪30年代,颅像重合法就诞生了,随着计算机技术的发展,精度疾速提高,颅像重合法也由此进化成了一种更加科学的侦查技术手段。

另一种方法是在没有发现尸骨的目标人物时，用颅骨还原死者生前的相貌。复原人像基于统计学数据，主要有两种方法：黏土模型立体复原法、计算机复原法。人像复原也可以表现出肤色、皱纹等特征的变化多样性。

　　除此以外，还可以通过X光片以及CT扫描的三维画像来比较眼眶上方的额窦形态。这种方法被称作**"额窦同一认定法"**，也是一种准确度很高的个人识别方法。

通过尸骨也可以进行高精度的个人识别！

通过颅骨还原容貌

◆ 叠加画像确定人物身份的颅像重合法

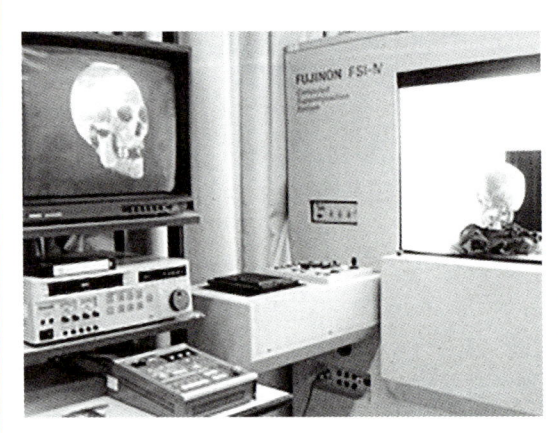

计算机辅助颅像重合系统
资料来源：日本科学警察研究所

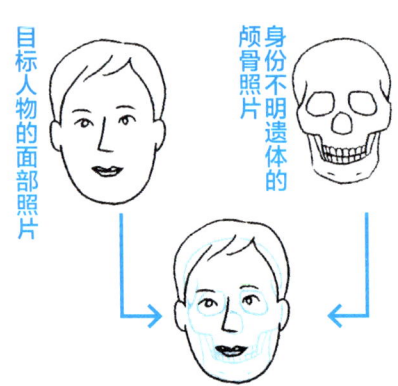

目标人物的面部照片

身份不明遗体的颅骨照片

重合照片，
比对18个部位的解剖学特征

◆ 其他鉴定法

○ **面部复原法**
用黏土等在身份不明的尸骨的颅骨上制作模型，复原死者生前的容貌。

○ **额窦同一认定法**
拍摄尸骨的X光片，与目标受害者生前的X光片进行比较，分析形态特征，进行个人识别。位于眼眶上方的额窦的个体差异尤为明显，所以这个部位的比对精度更高。

分门别类的科学侦查机构
鉴识科、科学搜查研究所、科学警察研究所

科学侦查有找到揭露犯罪行为的证据之作用。

在日本，物证的鉴定通常是在鉴识科或者科学搜查研究所进行。鉴识科处理指纹、足迹等证据，并负责出动警犬进行搜查。至于无法鉴定的高难度物证，则会被送到专家所在的科学搜查研究所，由科学搜查研究所负责分析。科学搜查研究所是对物证进行科学鉴定及研究鉴定方法的机关，负责进行众多针对DNA、文件、声音、药物、毒物等的科学鉴定。在日本，司法解剖的执行单位一般是设在大城市的监察医务院或医学大学院[1]的法医学教室。

至于科学搜查研究所无法处理的大规模案件的鉴定以及对设备要求较高的鉴定，则由科学警察研究所负责。科学警察研究所是日本警察厅的下属机关，除进行假币、枪支等的鉴定工作之外，还负责全方位的科学侦查专业性研究。

随着犯罪手段的多样化，科学侦查也需要运用广泛的知识和技

---

[1] 在日本的教育体制中，大学院是继大学本科教育之后的更高层次的高等教育机构，相当于中国的研究生院。——编者注

术，日本各个都道府县[1]也为了应对各种复杂难解的犯罪案件，吸纳了各个领域的专家，致力积累最先进的知识以及持续开发侦查技术。但是，出于"民事不介入"原则，亲子鉴定或者遗书的笔迹鉴定等民事问题不由警察介入。英国和美国的司法鉴定非常发达，存在很多民间司法鉴定机构，而日本仅有几家民间鉴定机构，仍停留在数量很少的状态。

> 我归警察本部的鉴识科管辖。

---

[1] 日本的行政区划。——编者注

日本各个科学侦查机构的职责和作用

都道府县警察本部

鉴识科
机动鉴定单位,负责采集并鉴定现场的指纹、足迹、照片等资料。警犬出动也由该机构负责。

科学搜查研究所
负责血液、DNA、药品、毒物等的鉴定,围绕法医学、化学、物理学、文书鉴定等专业领域开展鉴定与科学侦查研究工作。

警察厅

刑事局鉴识科
设有指纹中心、鉴识资料中心,为日本全国的警察本部提供信息。

科学警察研究所
接受警署内外有关机构的委托,执行各种科学鉴定。此外,也负责鉴定技术的研究与开发。

监察医务院、医学大学院

法医学教室
在警署的委托下,对具有案件性的尸体进行司法解剖,鉴定其死因。

专栏　科学侦查都需要做什么

- 文书、声音鉴定
- DNA鉴定
- 指纹识别
- 体液、毛发、足迹、纤维鉴定
- 图像识别
- 生化武器、爆炸鉴定
- 药品、毒物鉴定
- 火灾、交通事故鉴定

其他科学侦查
- 应用最新技术的鉴定方法
- 多种波动描记器检测

第 1 章

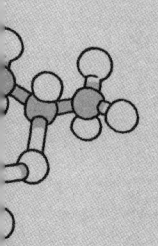

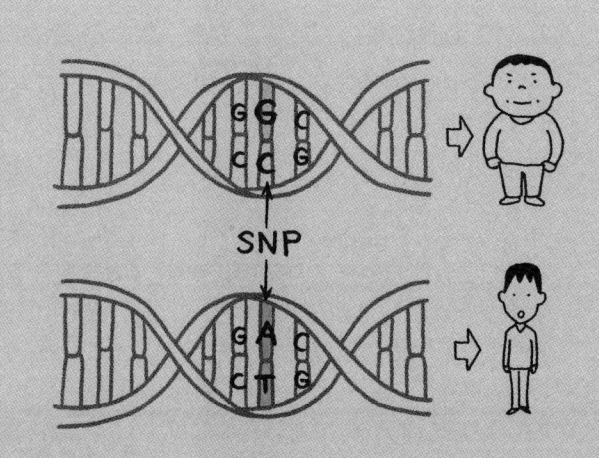

识别个人的指纹识别

指纹识别发展为科学侦查王道[1]之历程
发现契机——日本古代的按指印和手印

为什么指纹能精准地锁定某个人呢？这是因为指纹有两大特征：**各不相同**（即没有两个人的指纹是相同的）、**终生不变**（即人的指纹一生都不会发生变化）。

指纹识别足以在世界众多的人口当中锁定某个特定的人，堪称科学侦查的王道。指纹识别已经拥有100年以上的历史，其源起与日本有很大关系。1874年，英国医师**亨利·福尔兹**（Henry Faulds）以传教士的身份前往日本，他一边诊疗，一边进行指纹研究。亨利对日本古代字据上按的指印（手印）非常感兴趣。而且，他十分关注大森贝冢[2]绳纹陶器上的指纹，并在《自然》（*Nature*）杂志上发表了指纹各不相同、终生不变的论点。

无独有偶，英国官员威廉·赫舍尔（William Herschel）也发表了与指纹有关的论文。他在收监罪犯时，反复采用让罪犯盖指纹等

---

[1] 日语中，"王道"一词可表示正确且高效的方法等。——编者注
[2] 贝冢指史前时代人们捕食的贝类堆积而成的遗址，大森贝冢横跨日本现在的东京都的品川区与大田区，是日本绳纹时代后期的贝冢。——译者注

方式进行试验、研究，从而证明了指纹对身份辨别的有效性。

随后，达尔文的表弟弗朗西斯·高尔顿（Francis Galton）发表了有关指纹的论文，并出版了专著《指纹学》。英国警察厅很早就对指纹研究萌生了兴趣，1901年遂采用由任职于印度的警察官爱德华·理查德·亨利（Edward Richard Henry，后任伦敦警察厅警察总监）所创的**亨利指纹法**（又名"高尔顿-亨利分类系统"）。这套鉴别方法使得指纹识别被广泛应用于犯罪调查，翻开了用指纹锁定罪犯的新篇章。

自此，这一方法不断在全球各地普及。自古便认识到指纹可以识别个人的日本也不甘示弱，日本警察厅于1911年（明治四十四年）采纳了指纹制度。

> 原来英国统治印度期间得到的破案启发和英国伦敦警察厅的指纹识别还有关系呢！

为指纹识别的发展做出贡献的人

亨利·福尔兹（Henry Faulds）

英国医师，1874年（明治七年）前往日本。对日本按指印和手印的习惯感兴趣，且在协助发掘大森贝家时，对印于陶器上的指纹产生兴趣，从而展开对指纹的研究，并向科学杂志《自然》投稿，发表《关于用指纹进行科学性个人识别的研究论文》。据说，当时亨利任职的医院，医用酒精被偷喝，在对作案人进行排查的时候，亨利的指纹识别理论派上了用场。

弗朗西斯·高尔顿（Francis Galton）

英国统计学家、早期遗传学家。进化论奠基人达尔文的表弟。

发表过有关指纹的论文，并出版著作《指纹学》，为指纹识别这一犯罪调查方法的确立做出了贡献。崇尚精英主义，无视亨利·福尔兹发表的理论，在世期间并不认可福尔兹的功绩。

威廉·赫舍尔（William Herschel）

曾担任孟加拉一带的行政长官。当时为了防止给当地工人发重工资，采用了指纹识别法。在科学杂志《自然》上发表了关于指纹的文章。

爱德华·理查德·亨利（Edward Richard Henry）

完成了指纹分类法，并将其应用在犯罪调查中。曾赴印度任警察官，后担任伦敦警察厅的警察总监。

日本人的指纹种类
基本形状共四类，涡状纹最多

指纹如同人的血型，也可以分成几大类。日本人的指纹大致可以分为四类。最多的是中心呈旋涡状的"涡状纹"，其次是马蹄形的"蹄状纹"，再其次是中央呈弓形的"弓状纹"，如指纹形状不属于以上任意一种，则称为"变体纹"，变体纹是一种非常罕见的指纹。这四类不过是基本形状，如果向下细分，还可以分出很多种类。比如，蹄状纹中，蹄状线条的走向接近拇指的被称为"甲种蹄状纹"，走向靠近小指的则被称为"乙种蹄状纹"。

有的人一根手指上可能同时混有上述两种以上的指纹，不同手指的指纹不同的也大有人在。顺便提一下指纹的分布倾向，食指指纹最常见的是弓状纹和甲种蹄状纹，中指和小指的指纹多为乙种蹄状纹，拇指和无名指的指纹大多为涡状纹。

不同人种的指纹分布倾向也不同。大多数非洲、澳大利亚原住民以及部分阿拉伯人是弓状纹，涡状纹较少见。欧洲和非洲的黑色人种中，蹄状纹比较常见，弓状纹较少。亚洲蒙古人种的指纹多为涡状纹，弓状纹较少。日本人便属于亚洲蒙古人种。

此外，日本人与美国人不同指纹的人数占比如下：

日本人中，有弓状纹的人约占整体的10%，而美国人约占5%；日本有蹄状纹的人约占40%，而美国有蹄状纹的人占比大约为60%；日本有涡状纹的人约占50%，美国约占35%。指纹其实非常神秘。

具有代表性的指纹形状

涡状纹

中心卷成旋涡形，日本大约有50%的人都是涡状纹。

蹄状纹

类似马蹄的形状。脊线走向靠近拇指一侧的为甲种，靠近小指一侧的为乙种。日本人中，蹄状纹的人约占40%。

弓状纹

中央呈弓形。从手指一侧开始，终于手指另一侧。有弓状纹的日本人大约占全日本的10%。

变体纹

不属于涡状纹、蹄状纹、弓状纹中的任意一种。变体纹存在于不到1%的日本人身上，非常罕见。

◆ 无法辨别的指纹

损伤纹
○外伤导致指纹出现永久性损伤。

不完整纹
○因一时的创伤、摩擦等导致无法分类的指纹。

缺失纹
○手指指尖部分大范围缺失（被切割），使得指纹无法分类。

> 指纹和血液不一样，有的人一根手指上混合着两种以上的指纹！

指纹——脊线形成的纹路
指尖分泌的水分和皮脂附着形成的产物

指纹是由手指指尖隆起的线与凹下的线形成的纹路。决定指纹形状的并非凹陷部分，而是隆起的"脊线"。

脊线上有无数小孔，汗液通过这些小孔（即汗孔）从位于真皮的汗腺中不断分泌出来。此外，手上还附着着皮脂之类的分泌物，一旦手指碰到物体，便会像印章一样留下指纹。

分泌皮脂的皮脂腺仅存在于有毛孔的部位，指尖只能分泌汗液。汗液也可以单独附着在指纹上，但水分蒸发后指纹就会消失不见。之所以会留下指纹，是因为我们的手指会在不知不觉中触碰脸、胳膊等部位，使这些部位的皮脂或其他分泌物附着到了手指上。

此外，指纹的残留方式也有所不同。

指纹依此大致可以分成两类：肉眼轻易可见的明显纹以及肉眼几乎看不到但科学检测手段可以使其变得可见的潜伏纹。

当用沾有血液或墨水等附着物的手和物体接触时，或者接触像黏土一样容易变形的物体，又或者把手指放在堆积的灰尘中，留下的指纹就叫作"明显纹"。由于明显纹肉眼轻易可见，所以可以用相机拍摄之类的方法进行采集。

　　"潜伏纹"是指手指接触到玻璃、金属、塑料、纸、手机等物体时，残留在这些物体表面但我们肉眼难以看到的指纹。犯罪现场残留的一般都是潜伏纹。如何采集看不到的指纹，是调查案件的关键因素。

> 我鼻子上的皱纹（鼻纹）和人的指纹一样，各不相同、终生不变！

为什么会留下指纹

◆ **皮肤的构造及指纹残留原理**

手指指尖上平行分布着细长的小沟（谷线）与隆起的小棱（脊线）。脊线形成的纹路叫作"指纹"。水分通过汗腺经由指尖的汗孔分泌出来形成汗液，汗液与指尖沾染的其他部位分泌的皮脂混合在一起，像印章一样在接触的物体上留下指纹。

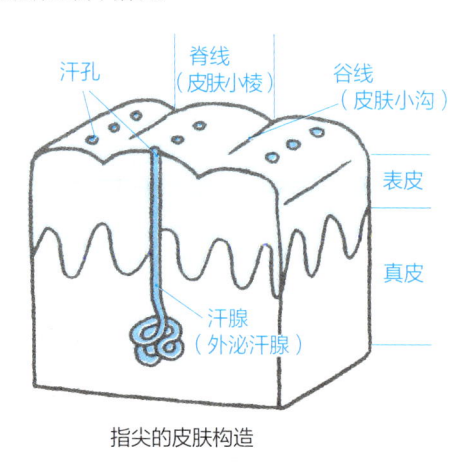

指尖的皮肤构造

◆ **明显纹和潜伏纹**

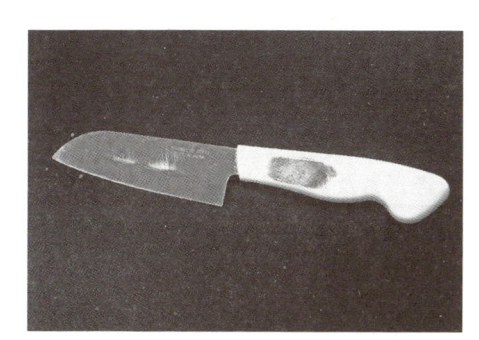

○ **明显纹**

血痕形成的血指纹

血指纹等可见指纹。这类指纹用相机拍摄即可收集。

○ **潜伏纹**

采用特殊光源或粉末法等使之显现的指纹

潜伏纹用肉眼几乎看不到，但用特殊的光学仪器ALS（Alternative Light Sources，多波段光源）等检测方式可以将指纹可视化。犯罪现场提取的指纹几乎都是潜伏纹。

比对指纹的特征点，锁定犯人
12个特征点一致即为同一指纹

残留在现场的明显纹或检验出来的潜伏纹统称为"现场指纹"。

犯罪现场通常残留着被害者及其家人、朋友或者其他到过现场的人的指纹，调查时需逐一调查每个指纹是谁留下的，这个过程叫作"指纹比对"。

脊线的局部按照形状分为不同种类，这些局部脊线被称为"特征点"，指纹比对着眼于特征点的形状与位置。一个指纹上的特征点数量因人而异，多的有150~160个，少的也有50~60个。指纹比对将现场指纹与嫌疑人的指纹进行比较，先比较两个指纹的形状类型，如果一致，则会进一步比较特征点的形状与位置。一旦两个指纹有12个特征点一致，则可认定为同一指纹。

这种比对方法叫作"12特征点指纹识别法"，两个指纹的特征点有12点一致的概率为$1/10^{12}$。目前，国际上基本都采用12特征点指纹识别法的鉴定结果作为审判时的证据。不过，实际取证时，也会遇到手指损伤、摩擦等导致指纹形状类型以及12个特征点都难以确认的情况。

在案发现场提取的现场指纹分为被害者和其家人等的"相关人

员指纹"以及非关联人员的"保留指纹"。对相关人员指纹和保留指纹进行取舍、选择,是查证的第一步。然后,将有犯罪可能性的可疑人员的指纹和保留指纹进行比对,如果一致,则此人的指纹就会被认定为"遗留指纹"。

> 一个指纹上,特征点多的有150~160个,少的也有50~60个!

指纹的主要特征点

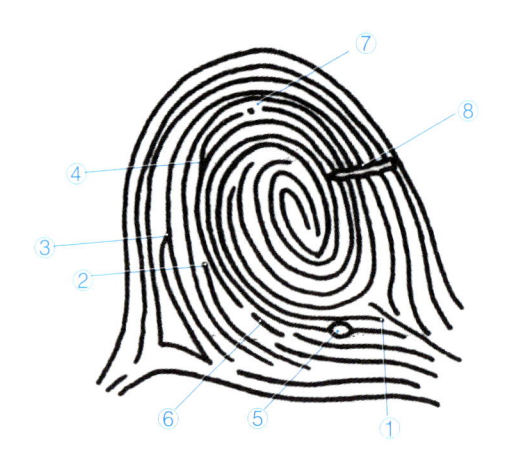

① 起始点（端点）
  脊线开始的部位。
② 终结点（端点）
  脊线结束的部位。
③ 连接点
  脊线由两条合为一条的位置。
④ 分叉点
  脊线由一条分为两条的位置。
  （上述特征点的确定方式均以顺时针方向为基准）

⑤ 环点
  分叉的脊线和原本的脊线相接，形成小岛的形状。
⑥ 短纹
  较短的脊线
⑦ 点
  独立于脊线的点。
⑧ 损伤
  永久性的损伤痕迹。

◆ 从指纹提取到指纹识别的流程

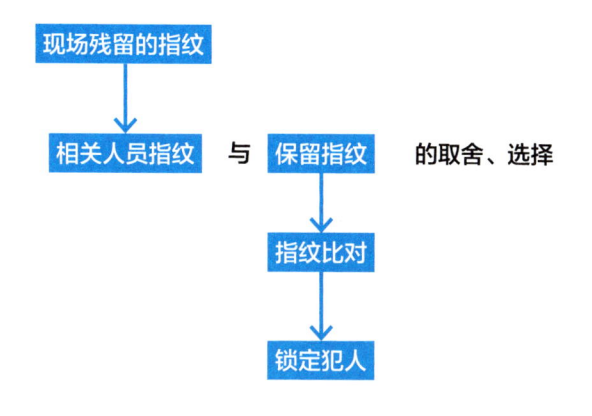

```
        现场残留的指纹
              ↓
   相关人员指纹   与   保留指纹    的取舍、选择
                     ↓
                  指纹比对
                     ↓
                  锁定犯人
```

检验肉眼看不到的指纹的方法①
用粉末让脊线"原形毕露"的粉末法

形成指纹的皮肤分泌物几乎都是水分，其余由氯化钠、钾、钙等无机物和乳酸、氨基酸、尿素以及皮脂腺分泌的脂肪等有机物构成。指纹检验法的原理就是利用这些成分的性质，使用能与这些成分产生化学反应的试剂进行检验。

但是，残留指纹的对象物五花八门，包括文件、信封、纸币等纸制品，菜刀、小刀等金属制品，塑料袋、胶带等包装材料，杯子、碗、服装，甚至死者的皮肤等。

因此，在检验指纹的时候，需要选择最适合对象物表面的提取方式，而且必须采用能够尽可能明显地检验出指纹的技术。

指纹检验方法中，最常用的是电影和电视剧中常见的粉末法。这种方法并非利用化学反应原理，而是用沾有细微粉末的刷子或毛笔沿着脊线描摹指纹。

刷子根据刷毛可以分为数十种，有羽毛、兔毛等动物毛的，也有用玻璃纤维制成的，还有带磁性的刷子，可以根据不同情况对刷子进行选择使用。其中，吸附铁粉的磁性指纹刷适用于所有指纹的检验。

吸附的粉末一般采用银白色的铝粉或黑色的碳粉，有时也会用黄色或绿色的荧光粉末。使用之时，可以根据对象物的性质、表面粗糙程度以及背景颜色等特点加以选择。

确认指纹的形状之后，将指纹拍照并粘到明胶相纸（像胶带一样的玻璃纸）上，再将胶纸贴于黑色的版纸之类的纸上，便可完成指纹提取工作。

> 用这个方法可以检验所有指纹，即便是潜伏纹也没问题！

检验肉眼看不到的指纹的方法①

粉末法

面对犯罪现场可能留有指纹的对象物，可以用刷子或毛笔蘸上粉末，沿着指纹脊线描摹，从而使指纹显现出来，这种方法叫作"粉末法"。该方法适用于检验附着于玻璃、金属等不易吸水的物体上的指纹。根据对象物的种类，可以选择刷子上吸附的粉末，一般多用银白色的铝粉和黑色的碳粉。

◆ 选择指纹刷

刷毛多种多样，例如羽毛、兔毛等动物毛或玻璃纤维等。磁性指纹刷上吸附着带有磁性的特殊磁粉，用这种刷子在留有指纹的地方轻轻擦拭，就能让指纹"现出原形"。

检验杯子上的指纹

用荧光粉试剂检验纸币上的指纹

检验肉眼看不到的指纹的方法②
液体法、喷雾法在内的40多种方法

除粉末法之外，检验潜伏纹的方法还有40多种。

其中具有代表性的为液体法。液体法顾名思义，指用液体试剂检验指纹，液体法包括两种方式：一种是让试剂与分泌物发生化学反应，另一种是让试剂附着在分泌物上。其中，用茚三酮试剂检验的方式最具代表性。茚三酮和氨基酸反应后会变成紫红色。茚三酮可以有效地检验残留在纸箱、木材等物体上的指纹。人体的氨基酸只要保存于干燥的环境中，就不容易发生变化，有时即使过了30~40年，也能从样品中检验出指纹。

而喷雾法的原理是将碘和氰基丙烯酸酯等试剂蒸气化，进而与分泌物里的成分发生化学反应。

碘与脂肪酸反应会变成黄褐色，如果对象物是吸收了水分的纸制品，或者是被抛到水中仅剩下脂肪酸的小刀或菜刀之类的凶器，在检测上面的指纹时，经常会用到碘。

氰基丙烯酸酯是万能胶的成分之一，可以与附着在塑料制品和皮革制品等物体上的指纹中的水分或分泌物发生反应。

喷雾法现在已经在全世界广泛应用。

此外，也有用龙胆紫、苏丹黑试剂将指纹中的蛋白质染色来检验指纹的方法，以及不用任何试剂，仅用 ESDA（Electrostatic Detection Apparatus，静电压痕仪）、VSC（Video Spectral Comparator，文检仪）等专业设备便可将潜伏纹显现成图像的方法。

现在，有关指纹识别技术的研究仍然在持续，相信今后一定会取得更大的进步。

> 科学搜查研究所的前辈们开发的显影剂可以用来提取黏附在人体上的指纹，美国FBI（Federal Bureau of Investigation，联邦调查局）也在使用这种显影剂！

检验肉眼看不到的指纹的方法②

液体法

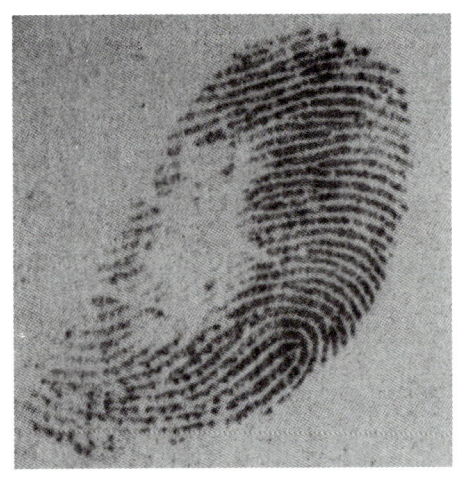

用茚三酮试剂检验出的指纹（紫红色指纹）

该方法一般使用茚三酮试剂。在沾有指纹的物体上喷洒或用刷子涂抹茚三酮溶液，指纹中的氨基酸与茚三酮反应后，会出现紫红色的指纹印记。此外，还可以用挥发油检验指纹，或者采用DFO[1]指纹显现法，观察荧光反应以检验指纹。

---

[1] 1,8-diazafluoren-9-one，1,8-二氮-9-芴酮。一种合成的新型氨基酸显色剂，可以与指纹中的氨基酸发生反应，同时也可以和指纹中的其他物质发生反应，生成一种强荧光的红色产物。——译者注

喷雾法

氰基丙烯酸酯法检验指纹装置

使用蒸气化的试剂，通过蒸气和指纹上附着的分泌物的化学反应来检验指纹。日本研发的氰基丙烯酸酯检验法会显现出白色的指纹。除此以外，也可以用碘进行指纹检验。

配制氰基丙烯酸酯溶液，将2~3滴配置好的试剂滴在研究用的热板上。加热热板，被检测物体上的指纹便会在蒸气的作用下变成白色显现出来。

氰基丙烯酸酯法检验出的指纹

瞬间比对有前科的犯人指纹
自动指纹识别系统（AFIS）

曾经，犯罪现场的指纹比对需要通过人工处理来完成，现在我们利用计算机自动指纹识别系统(AFIS，Automated Fingerprint Identification System)便可迅速实现指纹的比对。AFIS的研究始于20世纪60年代，美国FBI于1978年前后首次将AFIS投入使用，日本警察厅在1982年也启用了这套系统。

日本的AFIS用的是由警察厅指纹中心管理的指纹数据库。这个数据库存录了曾被拘捕的犯人的800多万个指纹，以及数十万个以往案件现场中残留的指纹。

AFIS通常用来进行遗留指纹的比对，即比对犯罪现场残留的可疑指纹与系统保存的有犯罪史的犯人指纹是否一致。

AFIS比对极其迅速，比对一个指纹的时间不超过0.1秒，逐一排除不一致的指纹，最终筛选出特征点相符的指纹。如现场采集的指纹不完整，则用该部分指纹寻找与其一致的指纹。

前面已经介绍过，只要12个特征点一致，就可以认为两个指纹一致，从概率的角度来说，指纹脊线的特征点有8个一致的概率是$1/10^8$，12个一致的可能性是$1/10^{12}$，在全球70多亿人口中，如果两个指纹能有12个特征点一致的话,从概率而言,就意味着二者一定属于同一人。不过,AFIS比对只是调查特征点是否一致的过程,最终的结果还需要交由指纹识别的专业技术人员分析判断,依然离不开人的眼睛。

> 判断指纹是不是犯罪嫌疑人的指纹,最终还需要由多名指纹识别人员来鉴定!

AFIS比对系统

◆ AFIS

日本全国的都道府县警察机构

遗留指纹的比对 →

← 反馈

警察厅刑事局鉴识科指纹中心 AFIS系统

有犯罪前科人员的指纹
　　　　　800多万个
犯罪现场残留的现场指纹
　　　　　数十万个

数据库

| 采集 | 使用特殊相机和扫描仪，将现场采集的指纹处理成图像。 |

| 图像鲜明化 | 将指纹图像进行鲜明化处理。 |

鲜明化处理前 　　鲜明化处理后

| 比对 | 将指纹与警察厅AFIS系统里存录的罪犯指纹或可疑人物的指纹进行比对。 |

> 专栏

是否可以将指纹从指尖抹掉

指纹是什么时候出现在手上的呢？其实，我们在母胎之内时就已经有了指纹，因此，在刚出生的婴儿的手指上已经能够看到清晰的指纹。

罪犯在实施犯罪行为时，往往会戴手套来隐藏指纹，但手套也会留下痕迹，只要调查清楚手套的种类或品牌，依然有可能锁定犯人。

而且，戴手套的行为本身意味着犯人对于犯罪有一定的习惯性和计划性，这也能成为侦查的线索。如现场发现手套的痕迹，警察在检验指纹的时候就会分外仔细。许多犯人在犯罪现场做一些比较细致的事情时，都会无意识地摘掉手套。

因此，只要找到犯人的手套，调查手套内侧残留的指纹，也可以进行指纹比对。我们首先需要认定的一点是：世上没有完美的犯罪！

那么，如果犯人消除了指纹，又该如何判断呢？

人的皮肤分为表皮和真皮两层，轻微的割伤或烫伤只会伤害到表皮，指纹尽管暂时会变得很浅，但当皮肤再生后，指纹便可随之再生。

而如果做手术将真皮层的指纹去掉，或者用强酸性物质将指纹溶解，虽会伴有剧痛，却可以永生消除指纹，并且指纹也无法再生。但是故意消除指纹的行为本身就非常奇怪，犯人这么做就等同于在昭告天下自己就是罪犯，所以此举并没有任何意义。

第 2 章

微观世界的名侦探
——DNA鉴定

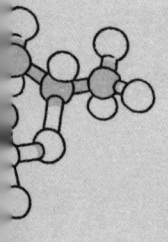

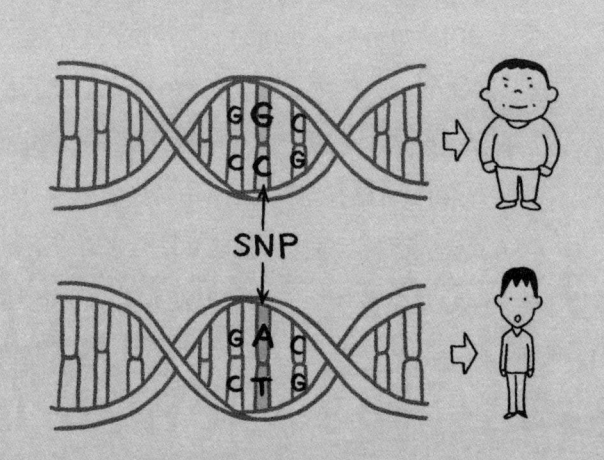

被誉为"生命设计图"的DNA
DNA为什么能精确地识别个人

DNA是人的生命设计图。DNA因人而异，因此可以用来精确地识别出每一个人。即使只有很小一部分遗体或者一根毛发，也可以用DNA鉴定的手段来确定死者身份。那么，DNA鉴定为什么有如此高的精确度，又为何能够识别出每个人？要想弄清楚这个问题，首先需要了解DNA的构造。

人的身体大约有60万亿个细胞。虽然不同部位的细胞形状和作用都不相同，例如皮肤细胞、肌肉细胞、神经细胞等，但是每个细胞都有一个细胞核。细胞核内共有23对（46条）染色体，染色体就是由DNA构成的。染色体伸展开来，像一个2米长的梯子。染色体呈双螺旋结构，以折叠的状态储存于细胞核内。

DNA中有A（Adenine，腺嘌呤）、T（Thymine，胸腺嘧啶）、G（Guanine，鸟嘌呤）、C（Cytosine，胞嘧啶）4种碱基，这4种碱基两两配对，一般情况下，A和T配对，G和C配对。每一对配对的碱基叫作"碱基对"，DNA由30亿个碱基对组成。4种碱基的排列方式因人而异，通过分析碱基排列方式的差异可以进行个人识别。

23对染色体中，有22对决定着人的各种特征，叫作"常染色体"，剩下的1对决定性别，叫作**"性染色体"**。性染色体又包含X染色体和Y染色体。

男性的性染色体为XY型，女性的为XX型。一对性染色体中，一条来自父亲，另一条来自母亲。这意味着亲子之间共享1/2的性染色体。

> 我（狗狗）的染色体有78条！
> *（常染色体38+性染色体1）×2=78

了解细胞、染色体、DNA之间的关系

◆ 细胞的结构

○ **细胞**

构成除病毒外的生物体结构和功能的最小单位。人体大约由60万亿个细胞构成。功能相同的细胞联合在一起形成4种基本组织，组织按一定的次序联合起来，形成维持人体功能的器官，各个器官联结在一起组成人体。

○ **染色体与DNA**

每个细胞都有一个细胞核，细胞核内有染色体，承载遗传信息的DNA就折叠收纳于染色体内。DNA是遗传信息的载体，共包含4种碱基（详见下图），碱基的不同排列方式决定了不同的遗传信息。不过，DNA上写有有效遗传信息的部位大约只占DNA整体的2%。

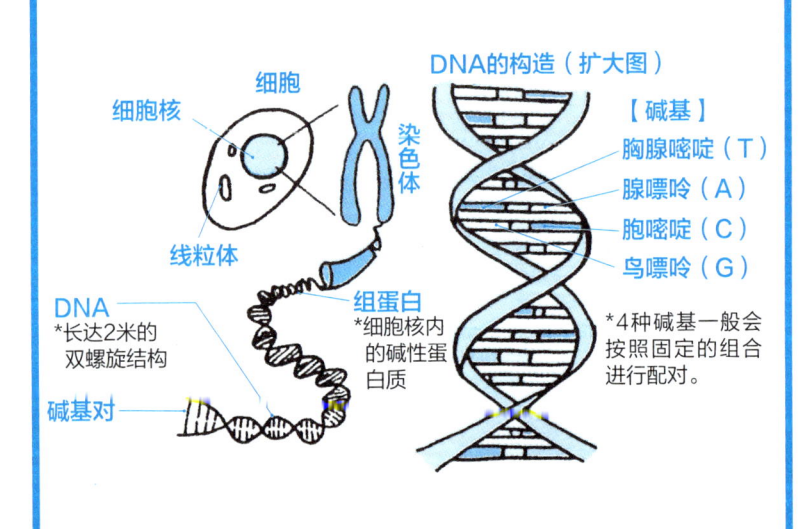

DNA的构造（扩大图）

细胞核 / 细胞 / 染色体 / 线粒体

DNA
*长达2米的双螺旋结构

碱基对

组蛋白
*细胞核内的碱性蛋白质

【碱基】
- 胸腺嘧啶（T）
- 腺嘌呤（A）
- 胞嘧啶（C）
- 鸟嘌呤（G）

*4种碱基一般会按照固定的组合进行配对。

◆ 决定性别的染色体结构

人的染色体共有46条，其中的44条（22对）为常染色体，剩余的两条（1对）为决定性别的性染色体。性染色体包括X染色体和Y染色体。女性为两条X染色体，用"XX"表示，而男性为X染色体和Y染色体各一条的组合，用"XY"表示。男女的性别就是由性染色体决定的。

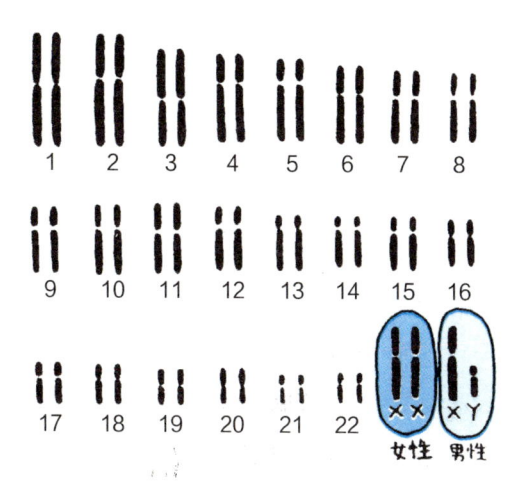

5300年前的DNA揭秘人类发展历程
跨越时间的DNA鉴定

与血型鉴定不同，DNA鉴定即使在物证量很少或者历时较长导致品质劣化的情况下，依然可以进行。

尤其是线粒体DNA，具有很高的提取率，非常适于分析较为老旧的物证。

线粒体是细胞中为细胞活动制造能量的结构。线粒体中也有很小的DNA，叫作"线粒体DNA"。

历史上一个非常惊人的著名案例就是冰人奥茨的DNA鉴定。1991年，阿尔卑斯山脉的一条溪谷附近，有人从冰山融化的冰水中发现了一具男性尸体。经推测，该男性身高为160厘米，死亡年龄大约为45岁。这名冰人着鹿皮服，戴毛皮帽子，还携带着斧头和石器箭头。经过放射性碳同位素测定，科学家们发现这个冰人竟然死了5300年！

另外，基因学家布莱恩·赛克斯（Bryan Sykes）著有《夏娃的七个女儿》（The Seven Daughters of Eve）。故事着眼于人类从母亲那里继承线粒体DNA这一特征，通过追溯线粒体DNA的排列及人类繁衍轨迹，阐释了90%的现代欧洲人的祖先都是古代的7名女性之一的观点。而且，书中提到，现代人类都是大约出生于20万年前的一位非洲女子（"夏娃"）的子孙后代。

上述案例证明，DNA鉴定可以跨越漫长的时间。

用线粒体DNA探索人类的发展历程

◆ 线粒体DNA的特征

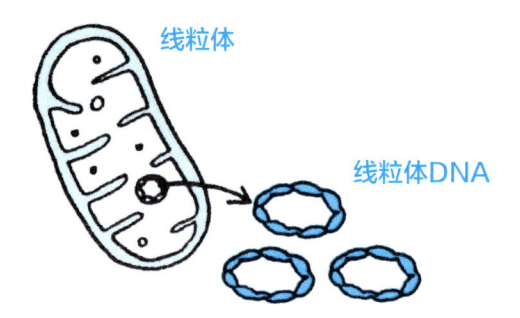

线粒体

线粒体DNA

- 一个细胞中有数百甚至数千个线粒体DNA。线粒体DNA数量庞大，非常便于提取。
- 体积很小，存活率很高。
- 所有线粒体DNA都继承自母亲。一个应用此原理的例子：从尸骨牙齿中提取的线粒体DNA可以与目标人员的母亲进行线粒体DNA比对。

◆ 从线粒体DNA中发现的人类起源（非洲单一地区起源说）

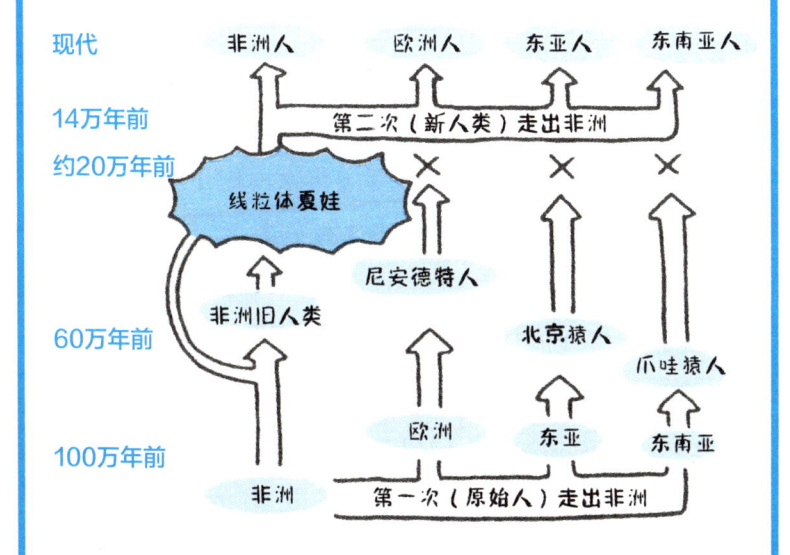

| 现代 | 非洲人 | 欧洲人 | 东亚人 | 东南亚人 |

14万年前 — 第二次（新人类）走出非洲

约20万年前 — 线粒体夏娃 ／ 尼安德特人 × × ×

60万年前 — 非洲旧人类 ／ 北京猿人 ／ 爪哇猿人

100万年前 — 非洲 ／ 欧洲 ／ 东亚 ／ 东南亚 — 第一次（原始人）走出非洲

据说，距离现存人类最近的共同祖先是大约20万年前生活在非洲的一位女子，这位女子被称为"线粒体夏娃"。后来还有一种有趣的学说，认为90%的现代欧洲人的祖先都是线粒体夏娃的7个女性后代之一。

什么是DNA鉴定
检测不含遗传信息的碱基序列

DNA上排列着含有遗传信息的外显子和不含遗传信息的内含子。

内含子上有些部位由特定的重复多次的核苷酸序列组成。以2~6个核苷酸为1个单位且重复多次的片段被称为"微卫星DNA"（又名"短串联重复序列"，英文为"Short Tandem Repeat"，简称"STR"），以10~100个核苷酸为1个单位且重复多次的片段叫作"小卫星DNA"（又称"可变数目串联重复序列"，英文为"Variable Number Tandem Repeat"，简称"VNTR"）。这些片段的重复次数因人而异，DNA鉴定就是通过确定这些片段重复的不同次数来完成识别的。庞大的DNA片段中固定在染色体上的特定位置叫作"基因座"（locus）。顺便提一下，外显子和内含子的数量比大约为1∶9，大部分DNA片段都不含遗传信息。

鉴定DNA的方法有很多种，分析小卫星DNA重复次数的方法叫作"DNA指纹法"，这种方法奠定了现今DNA鉴定的基础。如果案件侦查中采集的样品非常少，或样品长时间放置于恶劣的环境中，则DNA指纹法无法适用。现在全世界都在采用一种叫作

"复合STR法"的检测手段,即检查多个微卫星DNA(STR)的基因座。该方法需要对常染色体的15个基因座与性染色体的1个基因座进行分析。

  日本首次将DNA鉴定运用于调查犯罪案件是在1988年的"六本木[1]强奸伤害案"中,当时日本还没有DNA鉴定的相关方针,但DNA鉴定的结果成了法庭上的铁证。

> DNA鉴定虽说能从4.7万亿人中辨别出1个人,但这个数字很难用实验证明,对吧?我觉得,这个数字本身就能说明DNA鉴定的精确度非常高吧。

---

[1] 日本一地名。——编者注

DNA鉴定究竟要检查哪里

◆ 调查内含子

内含子不含遗传信息，通过调查内含子碱基序列的重复次数，可以识别出个体。

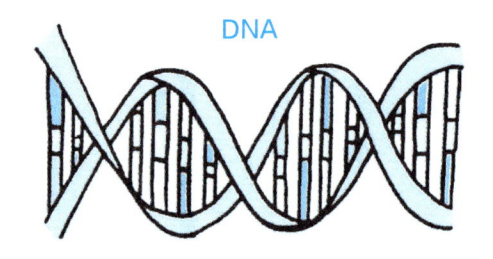

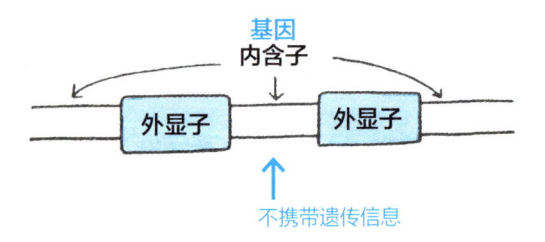

DNA

基因
内含子
外显子　　外显子
↑
不携带遗传信息

◆ **染色体STR基因座调查**

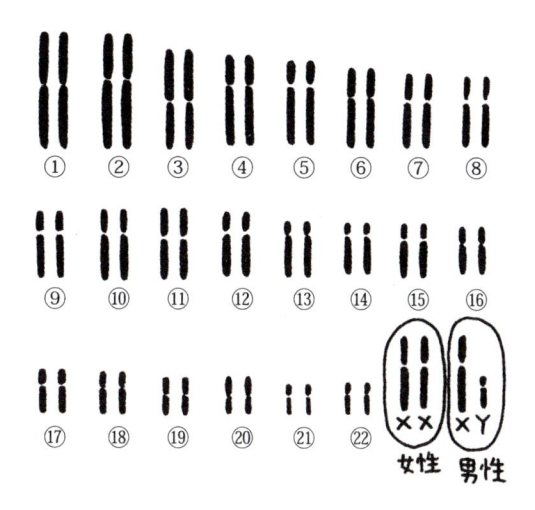

① ② ③ ④ ⑤ ⑥ ⑦ ⑧
⑨ ⑩ ⑪ ⑫ ⑬ ⑭ ⑮ ⑯
⑰ ⑱ ⑲ ⑳ ㉑ ㉒ XX 女性 XY 男性

染色体上的基因座名称

②TPOX・D2S1338
③D3S1358 ④FGA
⑤D5S818・CSF1PO
⑦D7S820 ⑧D8S1179
⑪TH01 ⑫vWA ⑬D13S317
⑯D16S539 ⑱D18S51
⑲D19S433 ㉑D21S11
X・Y AMEL（釉原蛋白基因）

*〇内的数字为染色体编号

*对16个基因座进行调查，包括常染色体的15个基因座和性染色体的1个基因座。

DNA鉴定如何操作
即便是微量的DNA也能用PCR[1]法鉴定出来

从犯罪现场采集到物证后，**大致可以分三个工序进行DNA鉴定：①DNA提取、纯化；②DNA片段扩增；③分析DNA片段重复次数。**

首先，将样品含有血液或精液等物质的部分切碎，放入微量离心管中，加入缓冲溶液[2]混合。

其次，加入分解蛋白质的酶——蛋白酶，在56℃的环境中保温保存，令蛋白质分解。然后，将多余的蛋白质用磁性微粒法[3]或苯酚氯仿提取法[4]去除，制作出只含DNA的溶液。这样就完成了DNA的提取与纯化。DNA的提取、纯化作业都需要专业的检测环境，而且要求检测人员具备丰富的经验及熟练的技术。

---

[1] Polymerase Chain Reaction，聚合酶链式反应。——编者注
[2] 指具有能够维持pH（hydrogen ion concentration，氢离子浓度指数）相对稳定的性能的溶液。——编者注
[3] 利用磁性微粒从生物样品中大量、快速抽提基因组DNA的方法。——译者注
[4] 通过有机溶剂抽提，去除蛋白、多糖、酚类等杂质，从而分离出DNA的方法。——译者注

从犯罪现场采集体液做DNA鉴定时，往往会遇到样品非常少的情况。这时，我们依然可以用DNA片段扩增技术——PCR法鉴定DNA。尽管只有微量样品，在PCR法的作用下，也能顺利完成DNA的鉴定工作。

PCR法的原理是利用DNA变形再结合时温度的不同使DNA片段扩增，通过添加专用试剂加热、冷却样品来完成DNA片段的复制。重复这个过程25~40次，特定的碱基序列就能够大量扩增。PCR法的发明者凯利·穆利斯（Kary Banks Mullis，1944—2019）博士因此获得了1993年的诺贝尔化学奖。最后，用遗传分析仪分析扩增的DNA片段，就能读取DNA片段的重复次数并加以鉴定。

DNA鉴定

◆ 鉴定步骤

①DNA提取、纯化 → ②DNA片段扩增（PCR法）

③分析DNA片段重复次数（遗传分析仪）

之所以要测定重复次数，是因为每个人的DNA片段重复次数都有很大差异！

① **DNA提取、纯化**

在采集的样品中加入缓冲溶液和蛋白酶后保温。

DNA纯化装置：自动核酸提取仪

② **PCR法（聚合酶链式反应法）**

用PCR热循环仪反复加热、冷却，进行DNA片段扩增。

PCR热循环仪

③ **分析DNA片段重复次数**

用遗传分析仪读取并分析DNA片段的重复次数。

辅助性DNA检测法
线粒体DNA检测法与Y-STR检验法

PCR-STR分型技术[1]是DNA鉴定的最佳方法,仅用这个方法便足以完成个人识别。不过,结合线粒体DNA检测法与Y-STR检验法等,能够完成更详细、更精确的DNA鉴定。

线粒体DNA检测法是一种以线粒体DNA为对象进行检测的方法。一个细胞内有几百甚至几千个线粒体。线粒体是为细胞活动提供能量的细胞器,肌肉、眼球等需要消耗大量能量的部位的细胞里含有几千个线粒体DNA。

因此,和位于细胞核内染色体上的核基因相比,采集线粒体DNA更加容易,成功率会更高,而且线粒体DNA还有一个优点:即使样品劣化严重,依然可以进行DNA检测。不过,孩子只能从母亲体内继承线粒体DNA,在确认父子关系的DNA鉴定中无法使用线粒体DNA。此外,线粒体DNA与核基因相比,发生变异的概率要高出5~10倍,鉴定时需要十分注意。总之,线粒体DNA检测法适

---

[1] 将短串联重复序列(STR)的多态性位点作为检测指标,应用PCR法扩增DNA片段然后进行分型的综合方法。——译者注

合用于劣化样品的DNA鉴定或母子血缘关系鉴定。

除此之外，也有专门检验只在父子之间继承的Y染色体的DNA检验法。**性染色体分为X染色体和Y染色体两种，女性的染色体是XX型，男性的是XY型。**

通过检验仅存于Y染色体上的STR，可以鉴定父系（男性）DNA。这种方法多用于调查包含性犯罪在内的男女性DNA混合在一起的情形，也可用于兄弟关系鉴定。

采集DNA样本时，需要用棉棒采集口腔里脸颊内侧的黏膜（口腔内细胞）！

辅助性DNA鉴定法

◆ 线粒体DNA检测法

调查线粒体DNA碱基序列差异的方法。由于线粒体DNA只在母子间遗传,通常用作辅助检查。线粒体DNA的采集率较高,适用于样品量很少或样品严重劣化等状况的DNA鉴定。

线粒体DNA的遗传路径

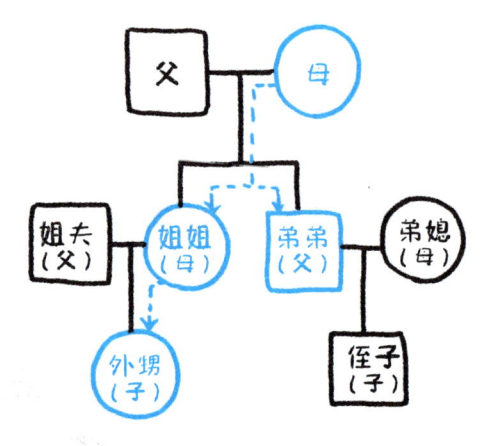

*母亲的线粒体DNA遗传给虚线的后代。

◆ **Y-STR检验法**

调查只能遗传给男性的Y染色体上的STR的重复次数。由于同一父系的男性DNA都一样，所以这种方法识别个人的能力并不高，比较适合父子、兄弟关系鉴定或性犯罪案件的调查等。

DNA样本采集专用棉棒

Y染色体的遗传路径

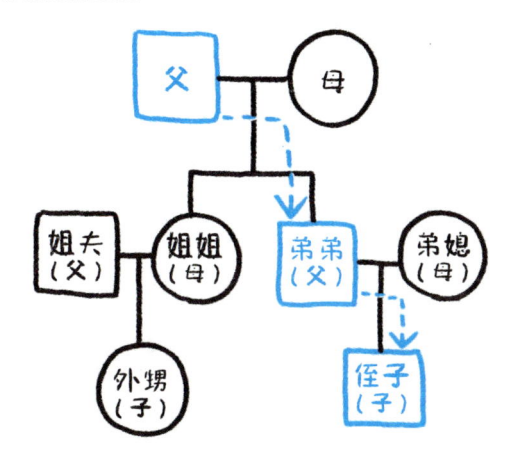

```
        父 ─── 母
             │
     ┌───────┴───────┐
姐夫─姐姐           弟弟─弟媳
(父)(母)           (父)(母)
   │                  │
  外甥                侄子
  (子)                (子)
```

*父亲的Y染色体遗传给虚线的后代。

不断进步的DNA鉴定
活用SNP,微量、劣化的样品也能鉴定

最近,随着犯罪现象越来越复杂,科研人员也在不断摸索更加精密准确的DNA鉴定方法。其中,比较引人注目的就是利用SNP(Single Nucleotide Polymorphism,单核苷酸多态性)的DNA鉴定法。SNP是指一个基因组(生物体内遗传物质的综合)的碱基序列中由单个碱基变异引起的DNA序列多态性。SNP又叫"单碱基多型性",复数形式是"SNPs"。

人体内有大约30亿个碱基对,SNP约有1000万个,其中包含约100万个遗传区域。也就是说,几乎每300个碱基对中就有1个SNP。弄清楚SNP的变异(包括插入、缺失),就可以了解一个人的容貌、体质等身体特征。

但是,检测人的同一位置只能鉴定出3种SNP。不过,如果检测多个位置,以往用复合STR法很难鉴定的微量样品或保存状态不够完整的样品,也可以完成DNA鉴定。

目前,SNP在全球医疗界备受关注。不断有研究报告指出,SNP与人的身高、体形等外貌差异以及罹患糖尿病、肥胖症、高血压等疾病的难易程度都有关系。非常期待在不久的将来,SNP可以

在个性化医疗领域大放异彩。

　　此外，新型基因检测所涉及的SNP解析中经常会用到DNA芯片。DNA芯片能够在微小的玻片、硅基片（芯片）上，同时识别数万乃至数十万的基因。DNA芯片这一先进的技术使得一次性完成大量SNP解析成为可能。

> 日本拥有世界一流的DNA鉴定技术。但美国好像更先进！

活用SNP的DNA鉴定

◆ SNP（单碱基多型性）

人体内大约有30亿个碱基对，其中每300个碱基对中大约存在1个碱基变异部位。通过SNP解析，我们可以了解人的身高、体形等身体特征。而且，SNP检测法在样品极其微小或者劣化的情况下也能成功地完成DNA鉴定。

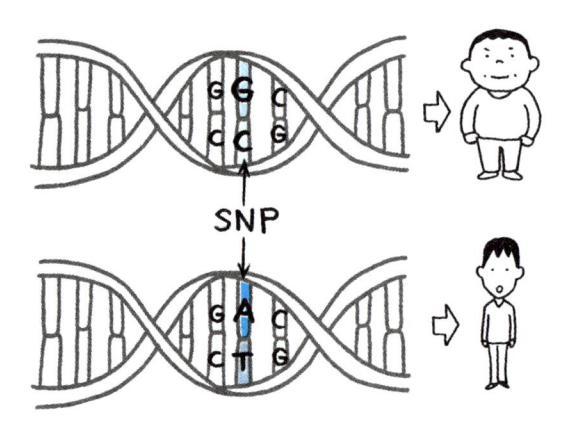

SNP与个人的相貌、体质等个体差异有关。

◆ DNA芯片

又叫"DNA微阵列"（DNA microarray）。每个芯片可以检测数万乃至数十万的基因，因此能够一次性解析大量SNP。

采用DNA芯片技术的基因多态性检测装置

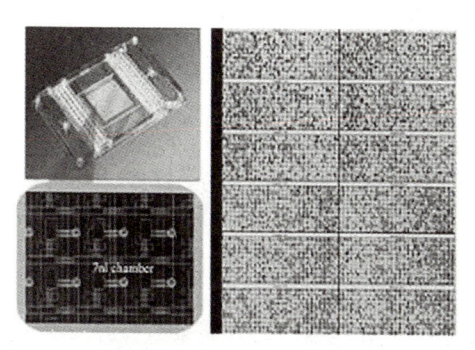

DNA芯片及其鉴定结果示意图

资料来源：日本科学警察研究所

穿越时空、揭露案件真相的DNA
有感于日本足利事件的DNA陷阱

目前,针对发生于没有复合STR法、DNA鉴定精度并不高的时期的案件,警方正在致力于重新对物证及样品进行鉴定,试图揭开案件的真相。

1990年5月,日本栃木县足利市发现了一名女童的遗体,1991年12月,幼儿园的大巴司机菅家利和被逮捕。这就是日本有名的**"足利事件"**。警方在发现遗体的现场周围,找到了沾有精液的女童内衣,经鉴定,精液的DNA与菅家的DNA一致。这一鉴定结果成了逮捕菅家的决定性证据,2000年,菅家被判无期徒刑。但是,2009年4月,警方重新对遗留物进行鉴定,却发现上面的DNA与菅家的并不一致。被逮捕了将近18年的菅家终于被无罪释放。

在此之前,警方对女童衣服也做了重新鉴定,但衣服上并没有残留精液斑痕(已在一开始的DNA鉴定等过程中全部消耗),因此再次鉴定也没有得出结果。现在看来,警方当时应该结合其他鉴定方法展开调查。但鉴定之时,距案发已经超过了1年,而且在河里发现的时候,女童的内衣处于沾满泥土的状态。这起案件中,样品的保存状态是鉴定失误的一大原因。另外,1966年,一家四口惨遭纵火死亡的"袴田事件"中，被告人袴田岩因警方调查时对犯罪行为供认不讳被判以死刑。但出庭受审时，袴田上诉称其蒙冤。法院虽已同意使用DNA鉴定再审该案，但目前仍在审理之中。

还有一起因DNA鉴定引起争议的案件是"东电[1]白领被杀事件"。1997年，日本东京都市区内的一所公寓中发现了一具39岁女子的尸体，一名尼泊尔籍男子被逮捕并判处无期徒刑。但该男子在DNA鉴定后被证明无罪，最终回到了尼泊尔。

> 既然DNA鉴定能提供这么重要的证据和线索，那么检查现场的时候一定要慎重！

---

[1] "东京电力公司"的简称。——编者注

东电白领被杀事件

◆ **案件概要**

1997年，有人在日本东京都涩谷区圆山町的公寓里的一间空房子里，发现了一名任职于东京电力公司的女子（时年39岁）的尸体。该公寓主人经营的饭店里有一位尼泊尔人做店长（以下用英文字母"X"指代店长）。这名店长因有抢劫杀人的嫌疑遭到逮捕，但本人对犯罪行为矢口否认。而在现场，人们也发现了另一个身份不明的男子（以下用英文字母"Y"指代此身份不明的男子）的遗留物。

"东电白领被杀事件"的遗留物

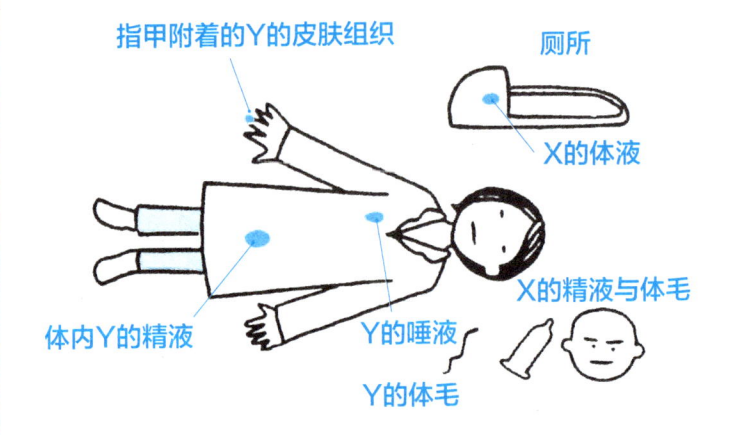

- 指甲附着的Y的皮肤组织
- 厕所
- X的体液
- 体内Y的精液
- Y的唾液
- Y的体毛
- X的精液与体毛

尼泊尔男子（X）
身份不明男子（Y）

◆ 案件的判决经过

一审 2000年（无罪判决）

从遗留物等判断，X没有不在场证明，但犯罪证据不充分。

➡ **二审 2003年（无期徒刑）**

现场残留的精液、体毛和被告人X的一致等鉴定结果成为量刑的依据。

再审请求→再审决定

重新对现场采集的未鉴定物证进行DNA鉴定。尸体内的精液和体毛与X的不一致，证明现场有第三个人（Y）存在。而且，从被害人的指甲中也检测出了Y的DNA。

➡ **判决 2012年**

X无罪　*本案仍未解决

> **专栏**

拥有两种不同基因的"嵌合体"

2017年，美国加利福尼亚州的一位女模特发现自己身体两边的肤色不一样，通过DNA鉴定才了解到，原来有一侧是她双胞胎妹妹的印记。由于原本应该形成双胞胎的受精卵在很早的时候就合为一体，且形成双胞胎血液的细胞混入了其中的一方，导致婴儿获得了双方的基因。这类人被称为"嵌合体"。

"嵌合体"（chimera）一词取自古希腊神话中的怪物吐火兽奇美拉（Chimera），这种怪兽的外形结合了狮子、蛇和羊这几种动物的身体部位，还可以从口中喷火。

美国华盛顿的一对未婚情侣为了拿到生活保障金，需要让全部家庭成员接受DNA鉴定以证明亲子关系。但是，却出现了两个孩子与父亲的DNA一致，与母亲的DNA不一致的情况。母亲再次生孩子的时候，律师、检察官以及福利机构的工作人员都在现场静候这位母亲生产，并为刚出生的婴儿做了DNA鉴定，可是这次的结果仍然是母子DNA不一致。于是，相关人员采集了这位母亲全身50多处的DNA进行鉴定，鉴定结果显示只有子宫检测出来的DNA和孩子的一致，以此证明了亲子关系。

嵌合体同时具有两种甚至更多种不同的基因，其存在概率大约为1/700 000，也就是说，每70万人之中，大约有1个人是嵌合体。

"嵌合体"一词源自希腊神话里的怪物吐火兽奇美拉

第 3 章

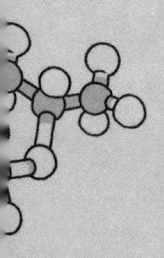

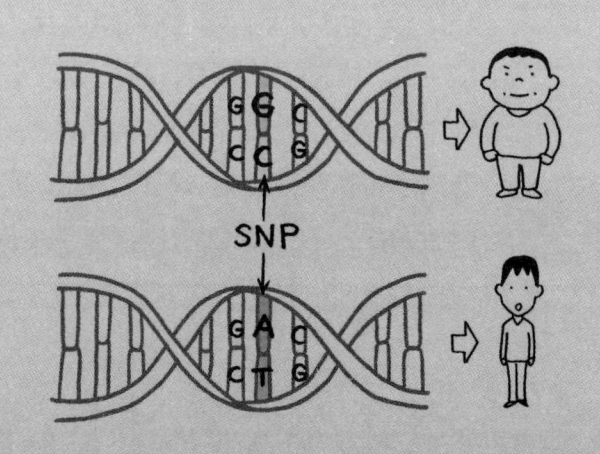

追查看不见的犯人
——图像识别

街道警察——监控摄像头
在遏制犯罪和调查行踪时威力十足

安保监控摄像头搭载了最新的技术，性能迅速提升，不仅有效地遏制了犯罪行为，还被积极地应用于犯罪调查领域，在逮捕罪犯上立下了不可磨灭的功绩。

2016年，日本全国的监控摄像头约有500万台，而在有"监控大国"之称的英国，监控摄像头估计有600万台，而且在2005年的"伦敦七七爆炸案"的侦查过程中，监控摄像头在犯人的识别上发挥了重大作用。

除街头的监控摄像头之外，日本警视厅还在道路及公园等场所设置了超级安防灯，发生犯罪事件或意外事故的时候，受害者或其他人可以按报信按钮，使用对讲机和警察直接通话。

2002年，日本引入了街头安保监控系统，作为闹市区犯罪预防的其中一环，警方在新宿区歌舞伎町一带安装了55台监控摄像头，其中包括44台可旋转的球形监控摄像头以及11台固定监控摄像头，这些摄像头拍摄的影像直接传输到新宿警察署和警视厅本部。有了这些监控摄像头，当地的犯罪预防效果得到了显著提升。另外，涩谷、池袋等地也有同样的部署。警视厅为了迎接第32届夏季奥林匹克运动会开幕,正在探讨采用最先进的技术,导入非常时期影像传输系统,以此施行官民合作的恐怖袭击行为应对措施。

这个系统的作用是在紧急时期将民间的监控影像传输给警视厅,一开始先用专用线路将东京地铁的所有监控影像传输给警视厅。此举的目的在于实时应对恐怖袭击以及事故灾害,准确地把握现场状况,避免造成二次伤害。目前,这套系统已经进入试运营阶段。

> 据说,在波兰,奶奶们取代了监控摄像头,她们会用自身的威慑力和可疑的人搭话!

安保监控摄像头的现状

◆ **街头监控系统**

这套系统是为了预防犯罪率较高的闹市区发生犯罪行为而设置的，对犯罪行为起到防患于未然的作用。摄像头拍摄的影像可随时在显示器上显现和录制。

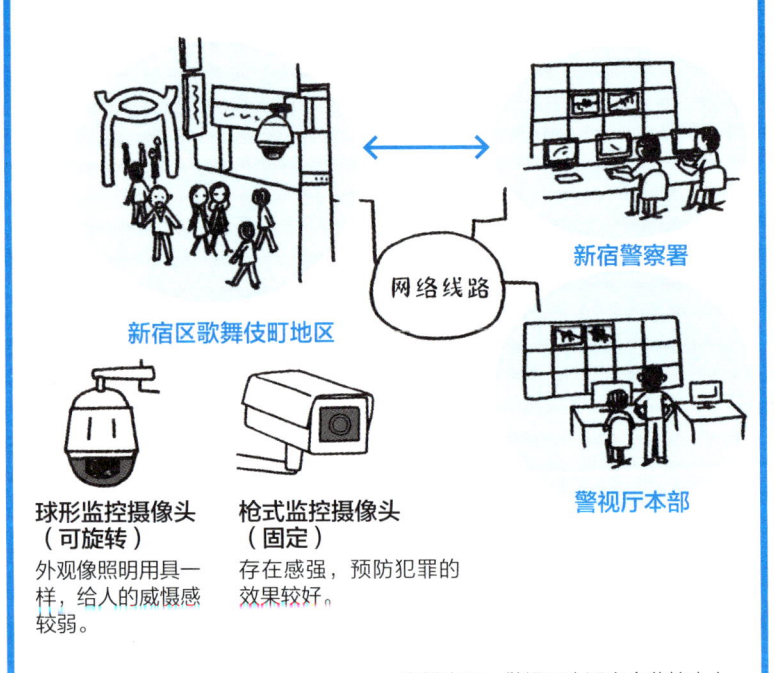

新宿区歌舞伎町地区

网络线路

新宿警察署

警视厅本部

球形监控摄像头（可旋转）
外观像照明用具一样，给人的威慑感较弱。

枪式监控摄像头（固定）
存在感强，预防犯罪的效果较好。

资料来源：警视厅生活安全监控中心

◆ 全球安保监控摄像头部署状况

○英国
人均占有的监控摄像头数量最多的国家，被称为"监控大国"。据推测，英国约有600万台监控摄像头，其中大约有200万台设置在伦敦。

○美国
为了应对恶性犯罪和恐怖袭击事件，美国建立了各州可以通过网络共享监控影像的系统。

○中国
中国正在逐步建设先进的监控摄像网络。很多监控设备搭载了AI（Artificial Intelligence，人工智能），有一些还采用了面部识别、步态识别等先进技术。

监控摄像头拍不清晰的图像的处理方法
图像的平滑化与尖锐化

如今,图像分析技术已经成为科学侦查舞台的主要角色。但是,监控摄像头的性能不一,有的画质比较粗糙,图像看不清楚。因此,我们需要对图像做进一步处理。

监控视频放大后,图像上便会并排出现很多像马赛克一样的方格,也就是所谓的**"像素"**。

这种状态下,无法通过图像识别被拍人的面部特征,此时,就需要对像素块进行平滑化处理。

"平滑化处理"是指对像素块之间的分界线进行模糊化处理,使被拍的人或物的相貌或轮廓更加清晰可辨。

经过平滑化处理后,为了让色彩之间的分界线更加突出,需要对图像进行对比度调整、灰度校正、曝光调整等尖锐化处理,从而使平面的图像变得更加立体化、更自然,为人脸识别提供一定程度上的改善和帮助。

但是,仅做上述处理,其实很少能辨认出具体的人,还需要将经过处理的监控图像与嫌疑人的其他面部照片进行比对,确认是否为同一人。

经过以上简要说明，你可能觉得监控图像的处理非常简单，但是监控摄像头有100多种，而且规格也不统一，要想进行图像识别，就需要根据摄像头的规格调整分析软件和分析手段。其实这是一项非常艰巨的工作。

要想把图像最终调整到几乎足以锁定犯人的清晰程度，需要靠分析人员丰富的经验和精湛的技术。

监控摄像头的图像处理法

◆ **平滑化处理**

将图像放大时，会并排出现很多像马赛克一样的像素块。把像素块之间的界线模糊化，来辨认面部轮廓及五官的位置。

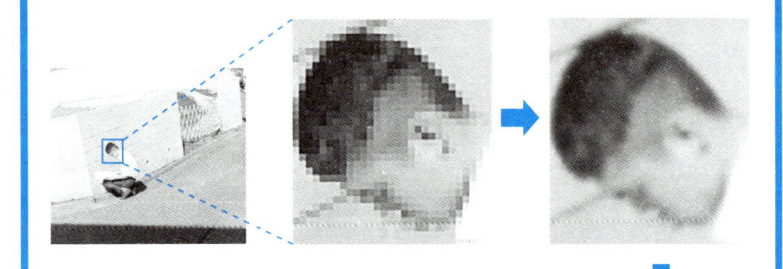

◆ **尖锐化处理**

通过对比度调整、灰度校正、曝光调整等处理方式，突出色彩之间的界线部位，给图像增加层次感，使之变得更加立体、自然，经过尖锐化处理之后的图像在一定程度上可以识别出人脸。

*照片中的人物并不是真正的犯罪嫌疑人。

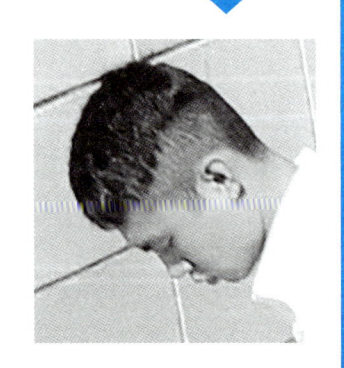

◆ 通过特殊画像和模拟技术追踪犯人

○ 根据犯人的面部照片可以制作变装后的多种画像,从而获取目击信息。
○ 伤痕消除一段时间后,还可以用热影像技术让伤痕显现出来,从而锁定犯人。
○ 对于小时候失踪的人或者逃亡多年的犯人,也可以用计算机的图像处理软件模拟出其现在的面部照片。

本人

制作变装图像

提取人脸特征点，与监控图像进行比对
将嫌疑人的面部照片3D[1]化

用上一节的方法对监控图像进行清晰化处理后，要想判断图像里的人和嫌疑人是否为同一个人，还需要识别二者面部是否一致。

识别面部是否一致的时候，要有与监控图像角度相同的照片，因此需要制作嫌疑人的3D人脸图片。

制作3D人脸图片时会用到人脸特征点。这些特征点就是解剖学意义上的人的面部特征，面部分为眼窝、鼻子、脸颊等8个部位，又能细分为上眼睑（上眼皮）、鼻梁等部位。

人脸上有256个特征点。利用三角测量法[2]测量并计算出这些特征点的位置关系，制成3D人脸图片。

将制作好的3D图片和经过清晰化处理后的监控图像重叠在一起，检验每个特征点是否吻合。如果特征点的坐标均一致，就可以

---

[1] 3-dimension，三维。——编者注
[2] 借由测量目标点与固定基准线的已知端点的角度测量目标距离的方法。——译者注

从统计学角度判定二者为同一人。按照这一理论,并在一定容错率的前提下对图像进行分析,如果没有发现明显矛盾的地方,就可认定二者属于同一个人。

此外,人脸的特征点来源于面部骨骼,即使做了整容手术也无法改变。所以,整容或体形变化也不会对特征点造成影响。

日本有一个名叫市桥达也的嫌疑犯杀害了一名英国女子后,曾多次整容逃亡;日本邪教奥姆真理教的信徒菊地直子做了瘦脸手术,将圆脸变为瘦脸……通缉照与逮捕时的样貌相去甚远的案例并不在少数,但是无论犯罪分子的外在容貌如何变化,只要通过面部照片的特征点加以分析,就都能识别出二者是否属于同一人。

> 两眼之间的距离、左右眼和鼻子间的距离即使整容也无法改变!

解剖学上的面部特征点与3D化

◆ **解剖学上的面部特征点**

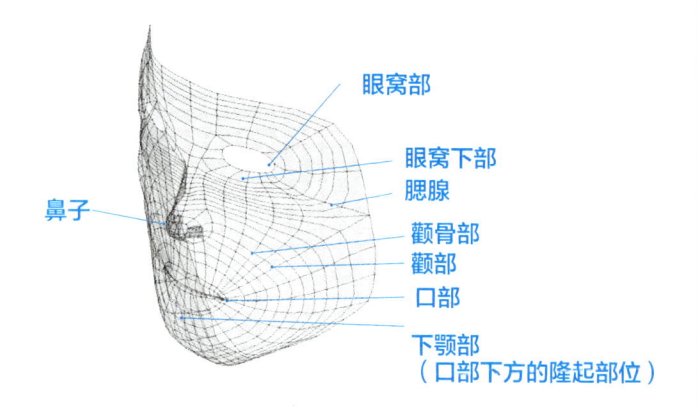

- 鼻子
- 眼窝部
- 眼窝下部
- 腮腺
- 颧骨部
- 颊部
- 口部
- 下颚部（口部下方的隆起部位）

○ **将嫌疑人的面部照片3D化**

首先把鼻子的顶点等当作面部轮廓特征点的起始点，按照三角测量的方法逐一计算出它们和其他特征点的位置关系，制作3D图片。

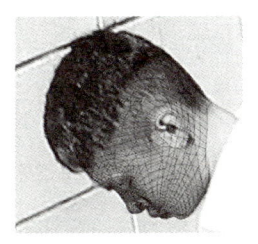

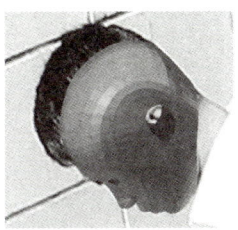

*图片为示意图,图中人物并非犯罪嫌疑人。

○ **3D人脸识别系统**

这个系统可以将嫌疑人的3D图像与监控中的嫌疑人图像进行比对,以同样大小、同一角度分析两者的形态。该系统的准确度很高,可以实现个人识别。

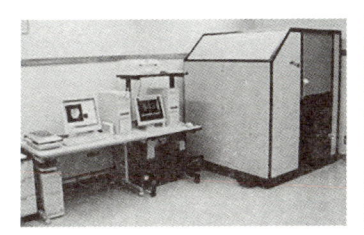

2D监控图像与3D图像重合

资料来源:日本科学警察研究所

骨骼能改变吗
利用骨骼3D模型、反向投影算法进行嫌疑人比对

我们经常在电视上看到"犯人身高170厘米左右"之类的报道，而在日常生活中，人常常处于坐着或行走中等状态，并没有太多机会使目测身高与实际身高保持一致。

即使身高一致，由于脂肪量或肌肉量的不同，外观给人留下的印象也会与实际有差距，因此，侦查过程中需要对目击信息进行充分的核实与讨论。日本80%的男性身高均分布在170厘米左右，因此，"犯人身高170厘米左右"这一信息对于锁定犯罪嫌疑人几乎没有太大的意义。

不过，身体的骨骼是我们无法改变的。只要制作出骨骼的3D模型进行比对，就能为确定嫌疑人和监控摄像里的人（犯人）是否为同一个人提供重要信息。

对嫌疑人图像进行分析、计算，得出数据，基于这些数据制作出3D模型。然后让3D模型在模拟的三维空间内摆出和图像相同的姿势，再与监控图像叠放在一起，检验二者是否可以重合。这种方法叫作"反向投影法"。

骨骼的特征点包括关节的位置、关节与关节之间的距离，确切

地说，就是各关节间距离的构成比例。在嫌疑人的全身照上面标记出颅骨、脖子、肩膀等特征点，测算各个关节间的位置关系，就可以打造出骨骼3D模型。

和脸部3D图像的制作方式相同，制作骨骼3D模型同样也要遵循三角测量法——测量距离已知的两个点与目标的角度，计算出目标的长度。

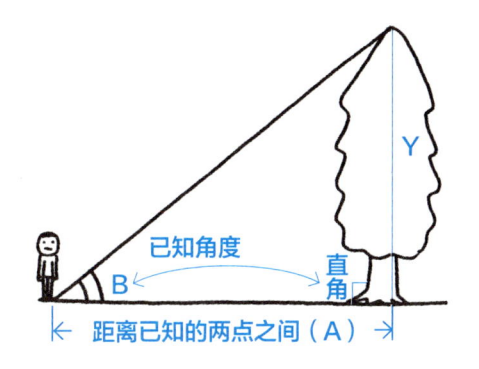

（图中标注：Y、已知角度、B、直角、距离已知的两点之间（A））

○ **三角测量的原理**

测量距离已知的两个点与目标的角度，用三角函数计算出Y的长度。

用反向投影法将骨骼3D化

◆ **解剖学上的骨骼特征点**

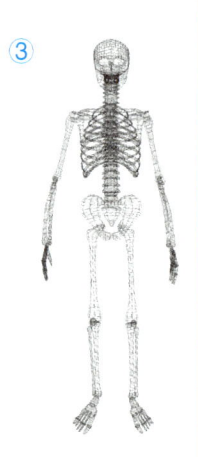

○**反向投影法的运用流程**

①拍摄嫌疑人的全身照。
②在颅骨、颈部、肩膀等位置标记特征点,并将标记范围逐渐扩大到全身。
③根据各个关节的位置和关节之间的距离,制作头部至上半身以及下半身的模拟骨骼。

④　　　　　⑤

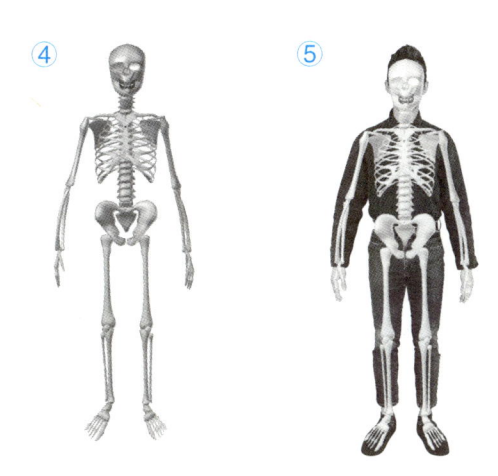

*图中的人并不是嫌疑人，图片仅为示意图。

④当全身的骨骼轮廓显现出来后，为骨骼着色。
⑤完成骨骼图以后，使其摆出与想要比对的监控影像中的人同样的姿势，重叠比对，确认是否吻合。如偏差很小，则可以推测出嫌疑人的身高。

技术日新月异的人脸识别与人脸验证
国际机场航站楼的出入境通道门

人脸识别系统日益普遍化，不仅被应用于监控摄像头，甚至人们日常使用的手机、计算机等电子产品也都搭载了摄像头。"人脸识别"与"人脸验证"听起来很相似，但严格来说，其实是有区别的。

人脸识别是一种像数码相机一样的系统，可以从照片中检测出人脸，并识别其性别、表情等，因此人脸识别经常被用在监控摄像头和手机等设备上。人脸识别能够识别出人的轮廓以及眼睛、鼻子、嘴等部位之间的位置关系。随着技术的进步，近年来，人脸识别系统已经发展到能同时识别出多张人脸并锁定具体某一个人，进而通过相机对其进行追踪的程度。

人脸验证系统是根据拍摄的脸部照片或视频，与事先登记的人脸照片进行比对，确认是否为登记者本人的系统。人脸验证是比人脸识别更进一步的系统。现在，人脸验证系统除了用于犯罪调查之外，也越来越多地被运用在建筑物门禁上，便于进行身份核实、防止倒票行为等。

2017年10月，日本羽田机场国际线航站楼设置了办理出入境手续用的人脸验证通道门。其原理就是从护照读取旅客的人脸照片，与现场拍摄的旅客脸部照片进行比对。该系统采集、分析人脸的特征点，如果旅客戴帽子或口罩等有遮挡性质的装饰时，则无法通过。此前机场办理出入境手续都是由审查员逐一进行人工确认，新系统投入使用后，一名审查员可以同时检查多个通道，既缩短了时间，又强化了反恐措施。

> 我们也会在机场担任毒品探测犬或检疫探测犬！

人脸验证系统运用的普及化

◆ **人脸识别**

识别被检人的容貌、性别、年龄、表情等特征。

◆ **人脸验证**

将识别出来的人脸照片与先前存录的照片进行比对。多用于犯罪调查、通道通行、防止倒票行为等。

◆ 国际机场航站楼的人脸验证系统

* 目前日本很多国际机场的航站楼都设置了该系统。

② 正对半透明反射镜,拍摄脸部照片。

① 护照内设有IC(Integrated Circuit,集成电路)芯片,手持护照,放于扫描仪上,机器就能读出旅客的脸部照片数据。

③ 比对IC芯片存储的照片与拍摄的照片是否一致。

④ 审查员确认为同一人后,通道打开,审查结束。

用影像系统识别逃逸车辆
利用车辆的3D模型锁定车型

肇事逃逸、诱拐等很多犯罪行为都会用到车辆。对涉案车辆的影像进行分析,可以帮助我们确定车型,为案件的破解提供重要的突破口。

逃逸车辆的车速很快,即使设于道路上的监控摄像头拍到逃逸车辆,也会因画质粗糙且车辆逃逸速度过快,难以识别驾驶人或车牌号。

但是,利用影像分析处理技术,就有可能识别出车辆的信息。首先,对画面进行平滑化及尖锐化处理,勾勒出车身线条的同时,对车型进行识别。另外,日本全国的人行道、防护栏、下水道井盖等的规格都是统一的,如果监控摄像头拍摄到这些标志物,警方就可以通过比较车辆与标志物的大小比例,推测出车辆的大小。

接下来,按照连接人脸特征点的方式,将车的头灯、尾灯和车顶等连在一起,使车身轮廓逐渐明晰。对车辆的整体画像加以3D化处理,与日本国土交通省的车辆管理数据库进行比对,就能以很高的精确度鉴别出车型。

人脸会因个体差异呈现出多种多样的特征,但车却不同,车辆的类型非常有限，因此与识别人脸相比，识别车型更加容易。

此外，日本全国的主要干道上设置有1600个以上的**机动车车牌号自动读取装置（N系统）**，这套装置可以自动读取并记录所有通行车辆的车牌号，因此经常用于搜寻有涉案嫌疑的车辆（包括被盗车辆）。

逃逸车辆的影像分析

①监控摄像头拍下来的逃逸车辆。图像很模糊,无法识别车型。

②对图像进行平滑化、尖锐化处理,画出车身轮廓。如果画面中出现全国规格统一的物体,则可作为参照物。

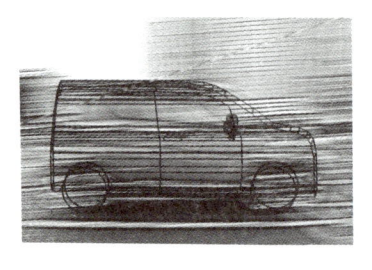

③连接车辆的特征点(头灯、尾灯等),让轮廓更加清晰。

④完成车辆的3D画像,与车辆管理数据库进行比对,确定车型。

*图片为示意图。

◆ **行驶车辆监督管理影像系统**

○ **N系统（机动车车牌号自动读取装置）**
日本全国的主要国道与高速路上大约设置了1600个N系统，可以读取行驶车辆的车牌号。

○ **电子眼（智能交通违章监摄管理系统）**
自动监督、记录道路上行驶车辆的超速行为的车速检测装置。"电子眼"的英文名称"orbis"来源于拉丁语，意思是"眼睛"。

○ **PRESLLI（低分辨率车牌测定程序）**
日本大分县警局开发的程序。监控摄像头拍到的车牌很难读取出来。但是通过数字部分的像素图形可以推测出几种可能的车牌号，从而进一步缩小调查范围。
该程序是一种推测车牌号的解析程序。

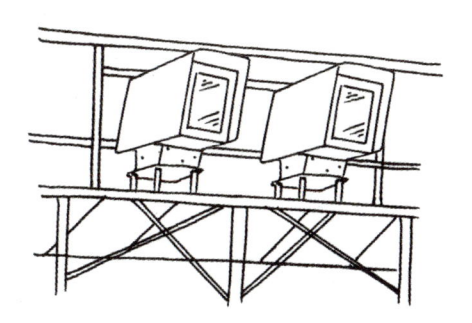

设置在高速公路上的N系统摄像头

> 专栏

融合新技术的监控摄像头

监控摄像头不仅数量在不断增加,今后还会朝着更多样化的方向发展。

例如,被誉为"行驶的监控"的行车记录仪已经越来越普遍地安装在私家车内,在调查赌气驾驶等造成的事故时,行车记录仪拍下的影像也可以作为审判的证据。此外,还出现了搭载着摄像头在公共设施内巡逻的安保机器人等多种新型设备,甚至被称为"空中的产业革命"的无人机也搭载了监控摄像头,变身为"能在天空翱翔的监控"。

人脸验证系统融合了人工智能技术(AI),正在不断地进步。超市等场所的防盗监控可以识别行动可疑的人及其步态特征,甚至还能捕捉到被拍摄者的肌肉的微小颤动。

另外,日本麒麟控股集团与东京都足立区西新井警察署合作,于2018年夏天推出了一种"监控自动贩卖机",机身内藏有小型摄像机,可以起到监控作用。小型监控摄像机设置在摆在自动贩卖机内部最前面的展示样品内,如果周围发生犯罪行为,小型监控摄像机拍摄的视频就会提供给警察署,用于案件的调查。

日本朝日集团控股公司也利用IoT(Internet of Things,物联网)技术,在东京都墨田区开展自动贩卖机的监控服务试验。

搭载了监控摄像头的无人机——"能在天空翱翔的监控"

第4章

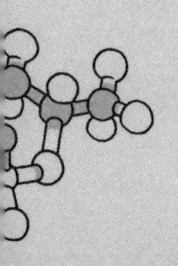

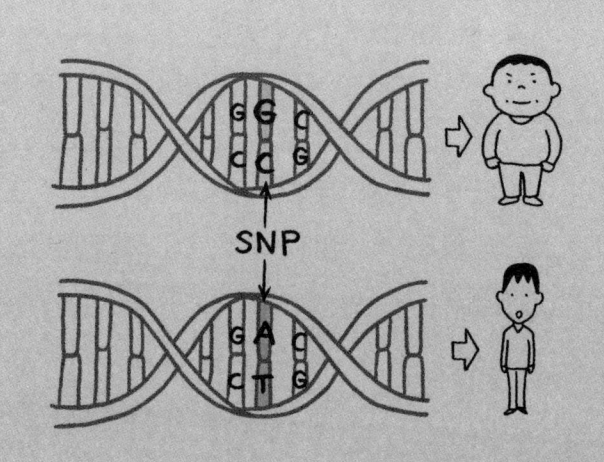

从细微的遗留物中鉴定出揭秘案件的成分

科学侦查专用ALS
——照亮肉眼看不到的遗留物

将指纹、血液、足迹在内的一切痕迹变得肉眼可见

我们前面提到过，肉眼看不见的指纹叫作"潜伏纹"。检测潜伏纹的时候会采取各种各样的方法，既然肉眼看不到，那我们是如何知道某个位置有潜伏纹的呢？

使用ALS，就能把隐形的潜伏纹变得肉眼清晰可见。

ALS是科学侦查时会用到的一种多波段光源，用红外线、紫外线等特定波长的光照射物证，就能看到原本肉眼看不到的痕迹。

一部分物质会吸收一定波长的光，反射其他波长的光，从而具备了发光的性质，产生了所谓的"发光现象"。发光是物质在电磁波、热量、摩擦力等的作用下吸收能量，并将吸收的能量转化为一定波长的光释放出去的现象。

利用光的这一特性，**根据现场痕迹的不同，适当选择不同波长的光加以照射，并同时用特殊的滤色镜过滤掉有干扰性的其他波长的光，就能看到原本看不到的物证。**

但是，在太阳光或者荧光灯之类的白色光照射的环境中，很难看到遗留物的痕迹，因此，一般需要将现场调暗之后再开展作业。

1970年,加拿大警方成功地将光学原理实际应用到了科学侦查之中。由于当时检测设备体积较大且检测费用高昂,并没有在犯罪现场投入使用。

现在,逐渐开发出了小型高性能的无线ALS,使得侦查人员在犯罪现场也能实施光学检测。

> 滤色镜和灯光组合在一起可以改变光的颜色,痕迹就能一瞬间显现出来!这简直就是魔术!

用ALS可以看见什么

◆ ALS光的颜色与特征

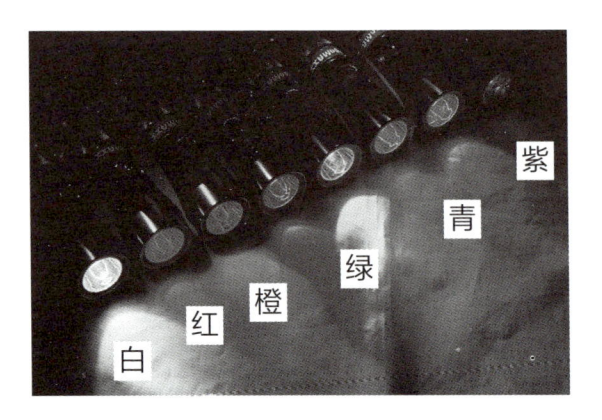

ALS（多波段光源）用红外线、紫外线等特定波长的光照射案发现场，让人看到原本肉眼不可见的各种物证。

白　一般的手电光
红　波长较长，对物体的穿透率较高
橙　一般不常用
绿　左边是较强的黄色，右边是黄色较浅的黄绿色
青　左边为青色，右边是蓝紫色
紫　可应用范围较广

◆ **ALS的波长及可见物体**

所谓的"可见光",是不同波长的光的混合。其中,最短波长范围是360~400纳米,波长集中在这个范围的叫作"紫外线";可见光的最长波长范围是760~850纳米,波长集中在这个范围的叫作"红外线"。

ALS波长(纳米)	使用对象
385·紫	打斗痕迹、青斑、血液、精液、唾液、尿、毛发、纤维、足迹、旧文件等
455·蓝	血液、精液、唾液、尿、骨片、足迹
470·青	涂料、足迹、伪造护照
505·绿	指纹、足迹
530·黄绿	指纹、纤维
590·黄	荧光纤维、玻璃
625·橙	毛发、纤维、燃烧痕迹
850·红	伪造纸币

通过血痕可以推测出犯罪真相
鲁米诺反应及血痕形状调查

当案发现场或事故现场有血痕的时候，侦查人员首先会观察血痕的外观形状。血痕是推断犯罪及事故情况最为重要的证据。

一旦发现血痕，即使现场没有尸体，也可以确定现场发生过流血的状况，根据血痕形状、血量等，甚至能够了解杀害方法、案发时间、凶器类型等各种案发现场的信息。

其中，对血痕形状的观察非常重要。血痕在飞溅或落下的过程中，形状会发生改变，通过观察血痕的形状及飞溅方向，就能获知犯人的动作或者犯罪过程之类的信息。血痕附着在物体上时遵循一定的规律，有时还可以根据血痕判断出流血的人在什么位置，以及现场大概发生过什么状况。因此，当发现类似血痕的东西后，首要的血痕鉴定步骤就是检查血痕的外观（形态检查）以及血痕周边。

有的痕迹经肉眼观察疑似血痕，却无法鉴别是否为真的血痕，此时便需要按照预试验、确证试验的步骤进行鉴定。

预试验时，对于经肉眼初步判定为血痕的痕迹，一般会在上面滴加一种叫"隐色孔雀石绿"的试剂和过氧化氢的混合液，如果是血痕，则溶液会变为青绿色。

对于肉眼无法判断的痕迹，则需使用鲁米诺（Luminol，又名"发光氨"。化学名称为"3-氨基-苯二甲酰肼"）试剂。鲁米诺与血液接触时，会与血液中的血红蛋白反应，发出蓝白色荧光。因此，使用鲁米诺试剂能够鉴别出案发现场是否有潜伏血痕。

确证试验时，为了进一步确认是否为血液，会用到血色原结晶试验或白细胞检查等方法。

> 鉴别人和动物的血液时，通常会使用血清！

通过血痕推测犯罪情况

◆ **鲁米诺反应调查法**

血痕在新鲜的时候呈红色,经过一段时间,会变成褐色或黄色。因此,在案发现场即使看到类似血痕的痕迹,也无法仅凭目测就断定该痕迹就是血痕。此时,鲁米诺便可派上用场。鲁米诺试剂可以与血红蛋白中的血红素反应,使暗淡的部位出现蓝白色荧光反应。

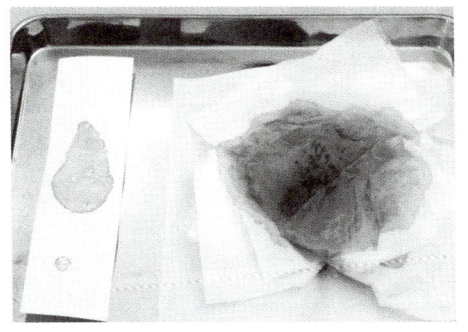

布上的一大块痕迹是什么?

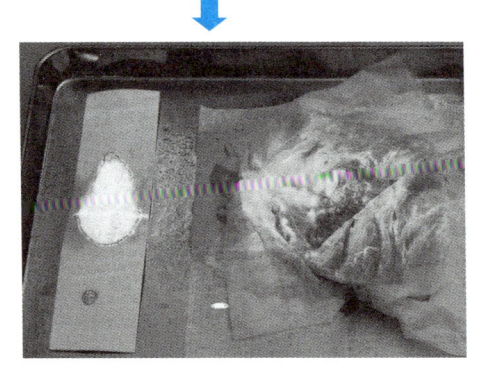

鲁米诺反应呈阳性!

◆ 通过血痕的形状推测犯罪情形

①垂直落下的滴下痕的形状。
②从高处掉落的血痕,形状容易变形。
③掉在混凝土等坚硬、凹凸不平的地方的血痕。
④从凶器上滴下来的血液,或者从几乎没移动过的受害者的伤口滴下来的血痕。
⑤用球拍或棍棒之类的工具殴打后飞溅的血痕。
⑥遭受枪击等情况,血液飞沫飞溅的痕迹。

通过体液来锁定犯人
检查血痕、精液、唾液、尿液等痕迹

当确定现场的血痕是人的血液后,有时仍需要通过血型鉴定来缩小嫌疑人的范围。

血型最常见的分类方式是**按照红细胞膜上的抗原类型分成四类,即众所周知的"ABO血型系统"。**除了这种分类方式之外,还可以分为血清蛋白型、血细胞酶型、唾液型等无数血型系统。

调查犯罪进行血型鉴定的时候,首先会进行ABO血型鉴定,其次会检测Rh血型(2种)、Rh-Hr血型(18种)、MN血型(9种)、P血型(2种)等细分的血型系统。即便使用ABO型无法鉴别出个人,结合这几种细分的血型系统,也一定能从数千人中精确地识别出具体的某个人。

但实际操作时,往往会遇到很多样品陈旧或量少导致只能判断出ABO型的情况,血液的品质很少能达到识别个人的程度。于是,用白细胞就能进行个人识别的DNA鉴定法便可发挥作用。此外,从嫌疑人或受害者身上采集的血液以及死者心脏里残留的血液等都是血痕鉴定的对象。**除了血痕以外,有时受害者的衣服上还会**

残留人的唾液、尿液、汗液等液体状成分（即体液）。这些体液干燥后，便会形成名为"体液斑痕"的痕迹。

体液斑痕也和血痕一样，可以利用体液所含的酶等成分的化学反应进行鉴定，鉴定的时候，还可以结合血型鉴定和DNA鉴定两种方式。

对于性犯罪案件，还需要进行精液鉴定。而唾液鉴定可以通过烟蒂、邮票、信封、咬过的食物、身体上的咬痕等加以采集和鉴定。

> 杀人现场几乎都会留下嫌疑人或受害者的体液！

化验体液

尿
可能混有血液或脱落细胞。刚射精后不久有可能会混入精液。如果附着物干了的话,会切除一部分渗有尿液的物证进行鉴定。

汗
汗液里如果有发根、皮肤碎屑等成分,也可以进行DNA鉴定。

精液
精液附着到衣服等东西上时,会形成略带淡黄色的灰色痕迹。进行外观鉴定后,用ALS照射会观察到特殊的荧光反应。获取物证样品之后,需进一步进行酸性磷酸酶染色检验。

血痕
使用鲁米诺或隐色孔雀石绿进行血痕鉴定,结合ABO型、Rh-Hr型等多种血型系统检测,有助于进行个人识别。

唾液
唾液中如含有口腔细胞,则可以进行DNA鉴定。唾液可以从烟蒂、邮票、咬过的食物等中提取。

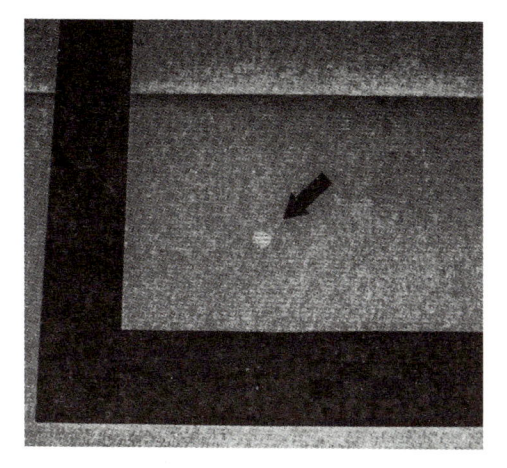

用紫外线进行精液检查

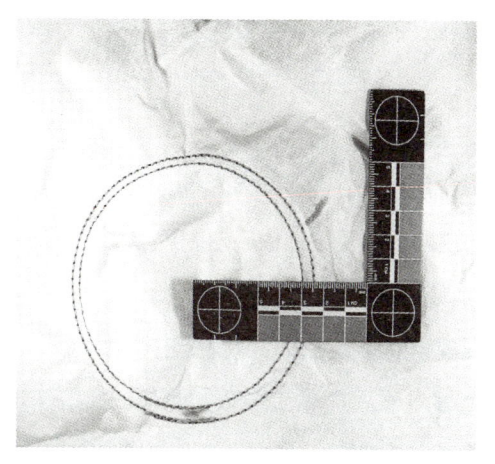

残留在安全气囊上的血痕

一根毛发也能完成个人识别
通过毛发的形状、粗细、颜色缩小嫌疑人范围

案发现场有很高的概率会残留犯人的毛发。即使犯人再小心翼翼地掩饰自己的指纹和血痕,也有可能无暇顾及不知不觉中脱落的毛发。

毛发用肉眼看上去只是一根根细长的丝,在调查案件的时候,却能成为重要的证据,向我们透露大量的信息。毛发除了可以告诉我们现场与嫌疑人、嫌疑人与受害者之间有直接接触之外,还可以帮助我们推测出犯人的生活方式、身体特征以及案发时的现场情况等信息。

毛发共由三层组成,包括表面的毛小皮(角质层)、含黑色素且占大部分的皮质层以及位于中心的髓质层。髓质层的结构是含有空气的海绵状。

如果发现现场残留着毛发,则需要进行毛发的人兽鉴定,辨别是否为人的毛发,然后再通过形态学检验、血型鉴定、药物检测等,综合判断主人的信息。

形态学检验用来了解毛发的粗细及颜色、毛髓质及毛根(毛发根部)的形状等在内的个人特征,以及一些可以反映毛发主人

日常生活的特征，比如发梢的形状、毛小皮表面的损伤程度、有无烫发或染发等。

此外，侦查时还会检验毛发属于哪个部位，是拔掉的还是自然脱落的，是否为死后掉的，等等。

用毛发做血型鉴定时，需要将3~4厘米长的毛发洗净后，将其锤碎压扁以露出毛发内部的组织，分装于三个不同的试管，分别放入抗A、抗B、抗H的血清，观察凝集反应。

如果毛发是被拔掉的，那么根部会附有毛根细胞，遇到这种情形，也可以进行DNA鉴定，识别出毛发的主人。

毛发检查可以收集哪些信息

◆ 了解毛发的构造

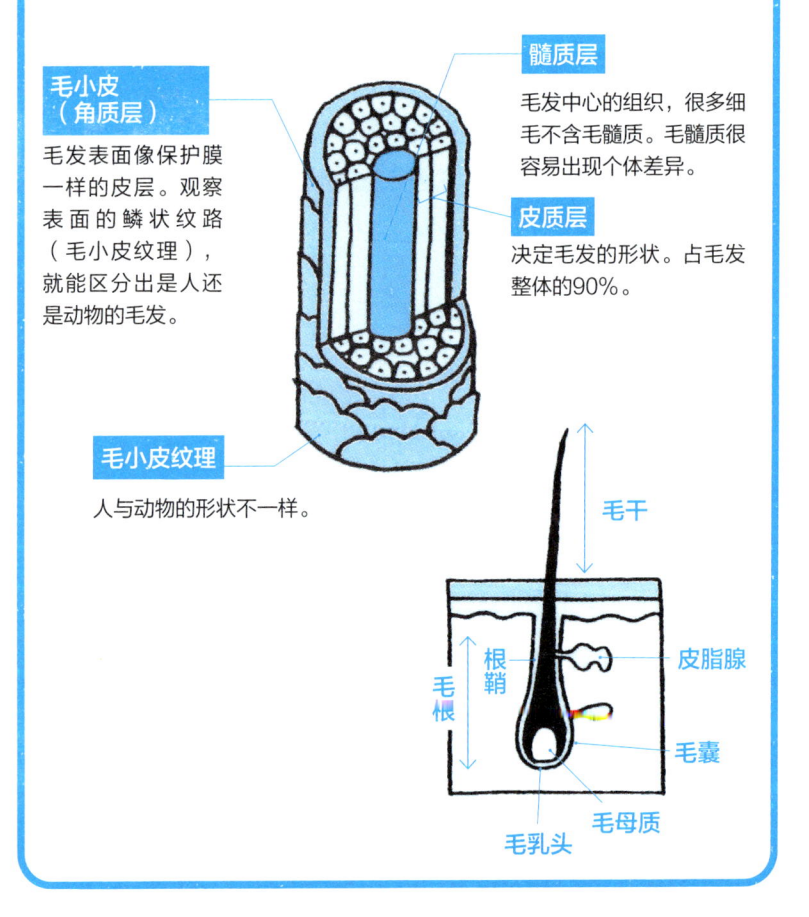

毛小皮（角质层）
毛发表面像保护膜一样的皮层。观察表面的鳞状纹路（毛小皮纹理），就能区分出是人还是动物的毛发。

髓质层
毛发中心的组织，很多细毛不含毛髓质。毛髓质很容易出现个体差异。

皮质层
决定毛发的形状。占毛发整体的90%。

毛小皮纹理
人与动物的形状不一样。

毛干

根鞘

皮脂腺

毛根

毛囊

毛乳头　毛母质

通过毛小皮纹理检查，识别毛发属于人还是动物。如果是动物毛发，还可以精确到动物种类。

观察有无毛髓质以及毛发的形状。

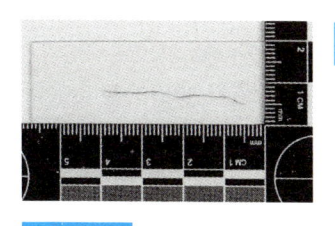

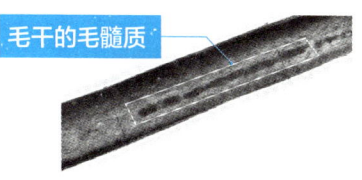

毛干的毛髓质

外观检查

◆ 其他毛发鉴定

○**形态学检验**
- 毛发的粗细、颜色　判断毛发属于哪个部位
- 毛发是拔掉的还是自然脱落的　如果伴有毛根，则通常为拔掉的。可以推测出是否有争执以及犯罪行为过程。
- 烫发和染发　观察毛发的横截面，提供判断个人特征的依据。

○**药物检测**　判断是否使用过兴奋剂或大麻。
○**DNA鉴定**　用毛发DNA和有前科的罪犯的DNA进行比对。

通过纤维分析得出高准确度的犯人画像
用显微镜鉴定纤维种类

无论多么巧妙的犯罪,都无法避免衣服纤维掉落,几乎所有的案发现场,都残留着罪犯无意之间掉落的一点点衣服纤维。尤其是罪犯与受害者在案发现场有物理性接触的时候,双方的衣服往往还会沾上彼此的纤维。

很多案件的侦查当中,纤维都为案件的解决发挥了巨大的作用,例如从尸体脖子上的纤维能够鉴定出犯人勒死死者所用的绳索,通过落在沙发上的纤维可以识别出沙发上坐过的人的衣着。

纤维鉴定一般会有形态学检验、分光光度分析、染料及颜料分析等步骤。形态学检验需要用显微镜(放大倍率100倍左右)观察纤维的形状,来源于动植物的天然纤维具有特定的形状,一定程度上能够由此判断出纤维的种类。

进行分光光度分析时,需要用光照射纤维,测出纤维对不同波长的光的吸收程度,进而判断出纤维的材质。利用拉曼光谱分析法,可以有效地识别出合成纤维中的单根纤维,在纤维的异同识别方面能获得不同于以往其他实验的信息。

染料及颜料分析是指从一根纤维中分离、提取出染料或颜料,再使用光学显微镜观察其外观的方法。

被染料染色的纤维内部也会着色,而用颜料染色的纤维则只有表面被染色,内部并不会着色。

纤维鉴定的主要目的是判断采集到的布料、线头、单丝、单纤维等与犯罪嫌疑人的衣服纤维是否吻合。

如果物证是布料,就需要鉴别布料是针织的还是编织的,针织的还需进一步明确其织法。如果物证是纤维,则需判断其是天然纤维还是化学纤维。此外,还可以在鉴别颜料或染料的使用情况之后,将其与犯人的衣服进行比对。

纤维这种事实胜于雄辩的力量超乎我们的想象。

> 天然纤维的纹理和人毛发的毛小皮纹理虽有相似之处,但还是可以区分出来的!

纤维的种类

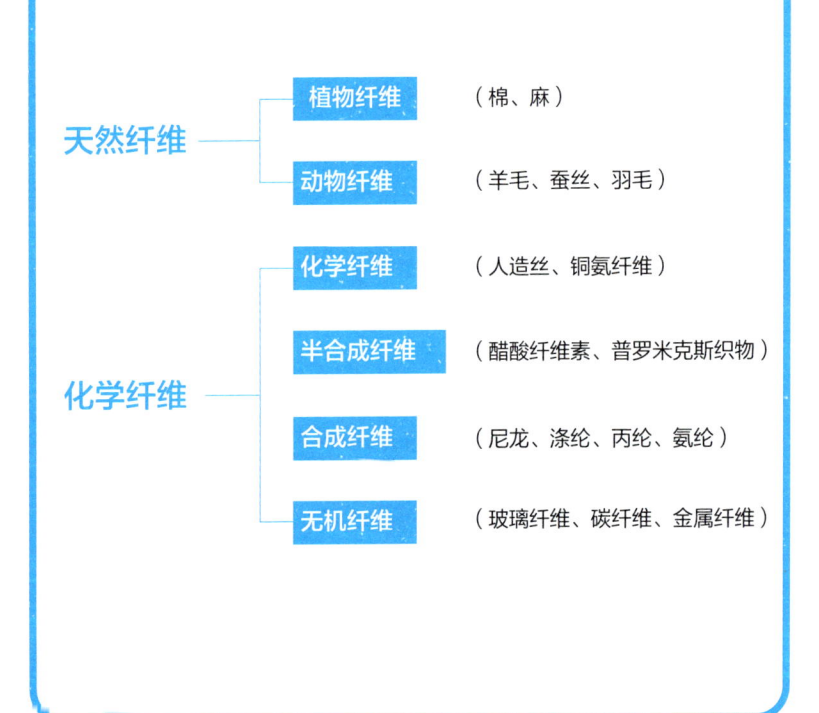

- **天然纤维**
  - 植物纤维 （棉、麻）
  - 动物纤维 （羊毛、蚕丝、羽毛）

- **化学纤维**
  - 化学纤维 （人造丝、铜氨纤维）
  - 半合成纤维 （醋酸纤维素、普罗米克斯织物）
  - 合成纤维 （尼龙、涤纶、丙纶、氨纶）
  - 无机纤维 （玻璃纤维、碳纤维、金属纤维）

◆ 显微镜下放大的天然纤维形态

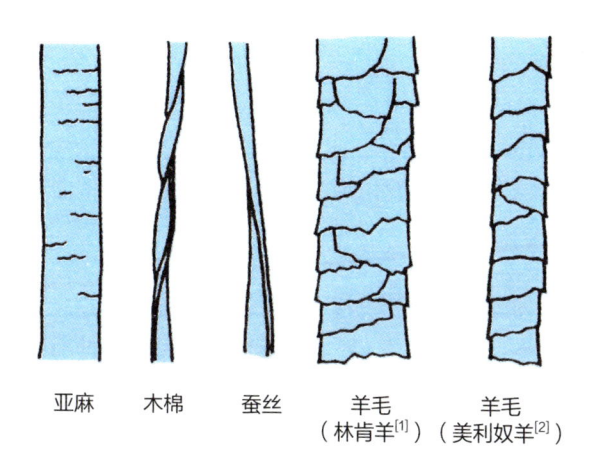

亚麻　　木棉　　蚕丝　　羊毛　　　　羊毛
　　　　　　　　　　　（林肯羊[1]）（美利奴羊[2]）

---

[1] 原产于英国东部的林肯郡，绵羊里的长毛品种。——译者注
[2] 原产于西班牙，细毛绵羊品种的统称。——译者注

足迹鉴定已进化为最新的科学侦查方法
从行动到性别、职业，对犯人进行全面推测

足迹一直是案件的重要物证之一，随着图像分析技术的进步，足迹分析又凭借其惊人的精确度，成了揭开案件真相的最新科学侦查手段。

足迹并不只会残留在土地上，只要有泥土和灰尘，即使在混凝土上也能留下足迹。而且，不管是赤脚还是穿袜子都能留下足迹，哪怕是在榻榻米或绒毯上，也能用各种各样的方法采集到我们肉眼看不到的足迹。

柔软的土地、沙地、积雪等上面残留的足迹叫作"立体足迹"，由于能清晰地辨认鞋底的形状，非常便于当作案件的有力证据。

在立体足迹里灌入石膏，凝固后便能提取到足迹。

而残留在沥青、瓷砖、木地板等平面上的足迹像被印刷在地面上一样，被称为"平面足迹"。平面足迹的提取和指纹的提取方式一样，也需要粘在胶纸上进行提取。

肉眼观察不到的赤脚留下的平面足迹叫作"潜在足迹"，通过ALS发现潜在足迹后，需要用提取指纹时会用到的氰基丙烯酸酯或荧光

粉末等对足迹进行采集。

足迹鉴定最重要的作用是了解犯人的行动信息，例如犯人的人数、入侵口（从什么地方入侵）、入侵方法、盯梢位置、逃跑出口、逃跑方向等。

此外，通过鞋底的形状和状态还能推测出犯人的身体特征、性别、职业、走路时的习惯等。

如果足迹上沾有案发现场之外的细微的成分，也可以供我们了解犯人在进行犯罪行为之前的行为及生活环境。

最后，从足迹中还能确定鞋的品牌及款式，进而可以咨询鞋子制造、销售的时间及销售渠道。

> 伪造的足迹非常不自然，根本不可能逃过侦查人员的眼睛。伪造足迹完全没有意义！

足迹的采集与鉴定

◆ **足迹的主要采集方法**

采集方法	具体方式
拍照法	用ALS的红外线或紫外线照射足迹
石膏法	在足迹中灌入石膏
胶纸复写法	把足迹粘到胶纸上
静电法	从地板、被子、绒毯上提取足迹
硫氰化物法	用会与铁反应的试剂检测
3D扫描法	用三维重合法进行分析

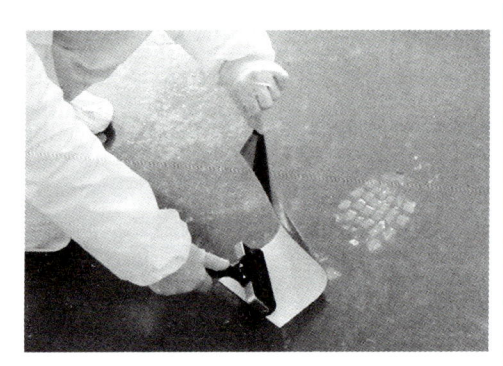

胶纸复写法

静电足迹吸附器
（1970年由日本警视厅开发）

石膏法

◆ 从足迹可以了解到的信息

○**犯罪情况**
　犯人人数、犯人行动轨迹（入侵口、盯梢位置、逃跑出口、逃跑方向）

○**犯人画像**
　身高、性别、走路时的习惯
　犯罪前的行为、生活环境

通过泥土和植物追踪犯人
极其多样化的泥土分布也能派上用场

通过泥土并不能直接锁定犯人，但是泥土可以充当证明案件关联性的很好的证据，在科学侦查中非常受重视。

以杀人抛尸案受害者沾上的泥土以及案发现场的泥土为例。将受害者鞋底或车上的泥土与杀人现场或抛尸现场的泥土进行比对，识别二者是否相同，有时可以确定案件的关联性，并证明犯人的犯罪行径。特别是日本位于世界屈指可数的地壳变动带，泥土的分布呈现出丰富多样的特征，因此，日本的泥土分布能为案件调查提供很大帮助。

进行泥土鉴定的时候，主要调查泥土的种类、风化过程及风化程度、氧化或还原的状态、植物及微生物对泥土的影响等。泥土堪称历史的见证者。

其次，还会分析不同大小的泥土颗粒的重量比。此外，对泥土内的矿物质的鉴定同样不可或缺。针对沙子，可以用显微镜检验出沙子里的矿物质种类，更加细微的部分则可用X光检验结晶的结构，确定其类别。

植物的碎屑也很容易沾在衣服上，也可以作为案件侦查的重要线索。

植物的种类可以通过肉眼观察花瓣、叶子的形状等方式进行判断，对于体积较小的花粉等微粒，则需要用显微镜观察其形态。

当认为案发现场有植物的时候，可以在搜索的过程中开展植物学形态调查，或者采取植物DNA鉴定等方法进行详细的检测与分析。

> 以前发生过靠沾在铁锹上的泥土证据就将犯人绳之以法的案件！

日本主要的土壤种类

褐色森林土
多分布于受火山灰影响较小的台地[1]、丘陵地区及山地。土壤酸性较强，营养较低。

火山灰土
富含火山灰的土壤，黑色、松软。分布区域以日本的丘陵地区和台地为中心。

红土
富含氧化铁的土壤。日本关东地区的亚黏土层就是这种土壤，风化后会变成黏土质土壤。以东京都的靠山地区及丘陵为中心分布。

关东亚黏土层（红土）

---

[1] 四周有陡崖、顶面平坦似台的高地。——译者注

**褐色森林土上的椴松林
（北海道芦别市）**

资料来源：日本农研机构
农业环境变化研究中心

◆ **植物DNA序列分析**

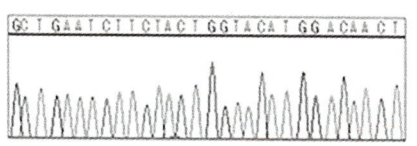

检测植物的DNA，确定植物种类。

> **专栏**

不挖掘地面就能发现尸体的方法

利用警犬突出的嗅觉可以进行关于气味的科学侦查。警犬不仅可以追踪犯人,而且对各种物证的筛选都有很大的帮助。犬类的嗅觉非常灵敏。人的汗液等体液所含的脂肪酸会导致体臭散发,犬类对脂肪酸的鉴别能力超过人的100万倍。并不是说警犬的感知能力是人的100万倍,而是即使空气中飘浮的气味分子浓度只有1/1 000 000,警犬也能用嗅觉分辨出来。

不过,如果尸体埋在地下很深的地方,警犬也无法感知到的话,那么搜索起来就会非常困难。不过,美国国家标准与技术研究院(NIST,National Institute of Standards and Technology)开发了一种装置,能够用茚三酮反应检测出尸体散发的氮素,从而找到尸体。

具体的搜索方法是:在认为埋有尸体的地下插入很长的针来进行氮素采集。如果有不挖开地面就能将针插入的小洞,即便尸体位于厚50厘米的混凝土下,也有可能找到尸体。目前,这种装置只能携带长针进行氮素采集,但是随着技术的不断改良,相信检测装备会更加小型化,届时,无论在什么样的案发现场,都能找到尸体所在。

> 人类开发出了我嗅觉都无法比拟的设备!

警犬

第5章

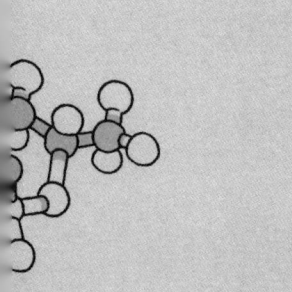

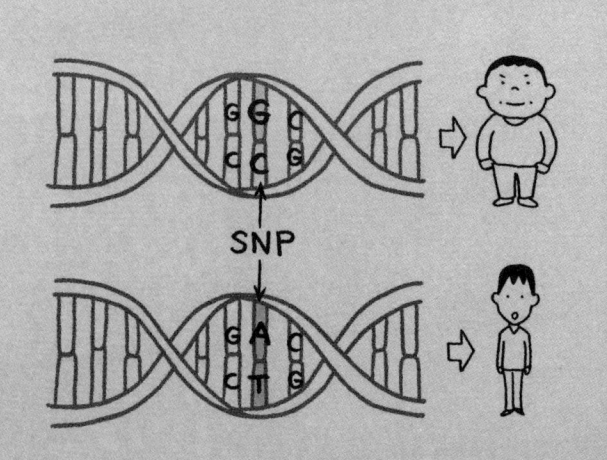

鉴别潜伏于文字或声音中的犯人

文书鉴定需要比较哪些地方
运笔特征、笔画形态、笔画结构是很重要的因素

文书鉴定属于法律文书领域，涵盖笔迹鉴定、不明文字的鉴定、印章鉴定、印刷物鉴定等多项内容。一个人的笔迹特征会由从小养成的习惯固定下来，体现在书写的文字上。

这些习惯（特征点）体现在文字形状上，我们可以通过科学的方法，即科学侦查所用的文书鉴定，由这些特征点分析、识别出文字是否一致。

那么，进行文书鉴定中的笔迹鉴定时，需要比较文字的哪些特征点呢？下面将介绍构成个人笔迹特点的几个要素。

（1）运笔特征：可以看出笔顺以及写字时的力量强度（笔压）、动作和流畅度。

（2）笔画形态：可以观察按照运笔方式书写出来的线段、点的形状以及起笔处、转笔处和收笔处的特征。

（3）笔画结构：可以观察偏旁所占比例、文字中间的间隙、线段与线段的角度及交叉点的位置关系。

找出同一人所写的多个文字，观察其运笔特征、笔画形态、笔画结构，分析写字的人有什么样的笔迹特征。

不过，像日语片假名和罗马数字那样的文字，构成文字的直线、曲线、点之类的要素很少，文字的特征点也相应较少，因此鉴定起来非常困难。

印章鉴定需要通过鉴别线与线的间隔、外缘的形状、外缘与文字的位置关系等，来判断印迹是否由原印章盖章所得。

印章还有一个特征，就是随着年月的积累会出现缺口或瑕疵。

据说还能通过墨的污迹和成分确定打印机的相关信息！

文书鉴定是什么

◆ **文书鉴定的种类**

笔迹鉴定　　印章鉴定　　印刷物鉴定

◆ **笔迹鉴定的要素**

- **运笔特征**
  笔顺、笔压、笔画走向、书写快慢。
- **笔画形态**
  开始书写的起笔处、书写方向发生变化的转笔处，横、竖、提、钩、撇、捺的收笔处等每次运笔变化产生的笔画形状特征。
- **笔画结构**
  偏旁所占比例、多条竖线与横线的间隔、线与线的角度、交叉点的位置关系等。
- **文字形状**
  圆的还是方的，大的还是小的，横线和竖线的长度，等等。
- **排列特征**
  字首的位置、字间距、行距等。

笔迹鉴定示例

◆ **印章鉴定**

印章鉴定用来比较文书上的印迹与其他印迹（大多数情况下为印鉴登记证明或真印章的印迹），鉴别是否由同一个印章所盖。

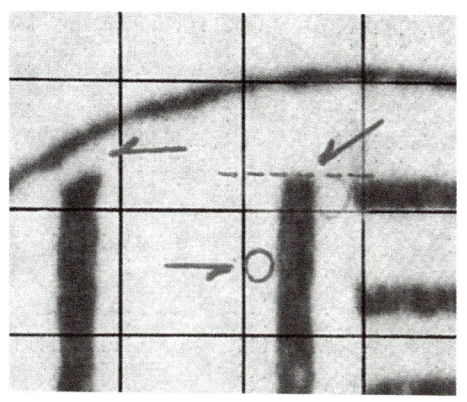

真印章

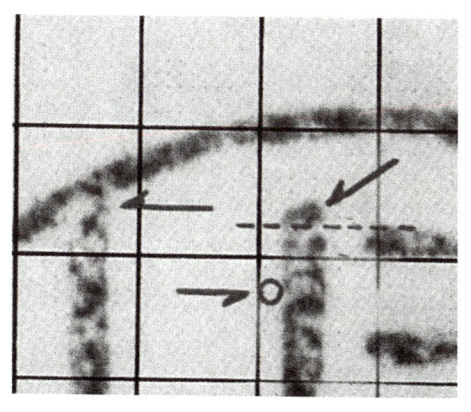

伪印章

用计算机鉴定笔迹
将1个文字的150多个特征点数据化

笔迹鉴定的目的多种多样,最主要的是通过分析笔迹来确定书写者的身份。鉴定的对象不外乎手写文字,鉴别方法包括由鉴定人员用肉眼鉴别的方法和通过计算机鉴别的方法。现在,80%以上的笔迹鉴定都是通过计算机分析数据执行的。

计算机分析是将前面提到的运笔特征、笔画形态等笔迹的特征点全部数据化,进而用计算机对数据进行分析。

1个文字有150多个特征点,使用计算机分析法可以将姓名、地址等包含的每个文字的特征点全部数据化。再用统计学的方法,根据确定为本人所写的多个文字分析其笔迹特征,比对本人的多种笔迹,计算出个人笔迹变化幅度。

"个人笔迹变化幅度"是指本人笔迹的偏差状况。

如果鉴定的笔迹在上述偏差范围内,则很有可能是本人的笔迹,如果不在该范围内,则为他人笔迹的可能性更高。

此外,书写过的文件上会残留很少我们肉眼看不到的笔压痕,可以利用一种叫"ESDA(静电压痕仪)"的仪器,将笔压痕可视化。

利用ESDA生成静电,在纸张凹陷部位放入特殊粉末,可以让笔压痕显现。而且,ESDA能够识别打印过的纸张上残留的打印机进纸齿轮的痕迹,以此可以推测出打印机的种类和品牌。

> 日本最早将笔迹鉴定结果作为证据的一起案件是"帝银事件[1]"。

---

[1] 1948年,日本帝国银行发生的抢劫案件。犯人伪装成政府工作人员,对银行职员若无其事地进行大规模投毒,导致12人死亡。——译者注

ESDA可以将看不到的文字可视化

◆ ESDA（静电压痕仪）

让肉眼看不到的笔压痕显现出来并加以识别的装置。

① 在检测板上面放置需要鉴定的纸张，覆盖特殊薄膜。

② 使用放电装置，在笔压形成的纸张凹陷处储存静电。

③ 撒上将细微颗粒涂抹上调色剂后形成的特殊粉末。

④ 粉末粒子聚集于笔压形成的细小凹痕中，使文字显现出来。

◆ **斜光照射，放大文字**

用斜光照射、放大文字后，文字会变得更加立体。通过测量纸张凹痕并将特征点数据化，可以提高识别书写者的精确度。笔压的状态也能体现书写者特有的风格。

文字变得立体化了

篡改、伪造文书的鉴定
用最新的机器识破篡改、伪造文书

文书鉴定的目的之一是鉴定伪造文书。文书的伪造从收据伪造到纸币伪造等层出不穷，往往用肉眼无法甄别。

例如，把收据上的金额替换成更大的数字，是一种典型的犯罪行为，日本将其定为伪造私文书罪，如果因伪造收据获得了经济利益，则构成欺诈罪。

无论自认为多么高明的篡改手段，在最新的文书鉴定技术之下，都很快便被识破。

篡改或者伪造的收据一般都有一个很重要的破绽，就是墨水成分不一样。利用红外线扫描的穿透扫描模式或反射扫描模式对收据进行扫描，就能鉴别出墨水成分的异同。而且，如果在"丨"上面加上"∠"伪造成"4"的话，可以用搭载CCD[1]摄像头的显微镜观察数字的交叉点，分析线条的重叠及书写时产生的凹陷等处的特点。此类添加或修改笔画的伪造方式在科技的火眼金睛下立马就会

---

[1] "Charge Coupled Device"的缩写，指电荷耦合器件。一种半导体成像器件，具有灵敏度高、抗强光、畸变小等优点。——编者注

现出原形。

科学侦查用的ALS也活跃在文书伪造鉴定及假币鉴定方面。**表面上被消除的文字在ALS照射之下，很可能会重新浮现。**各个国家为了防止伪造纸币和护照的行为，在纸币和护照上下足了功夫，用ALS照射纸币及护照，可以看到其中一部分精细的设计。

VSC（文检仪）是一种能发现笔迹篡改及伪造现象的新型武器，可以全面胜任检测文件上墨水的变化与性质、文字的删除与篡改以及鉴定伪造的护照和纸币等工作，是一种在文书鉴定上几乎全能的装置。总之，文书伪造难逃暴露的命运。

识破文书篡改

◆ 使用红外线扫描仪照射，读取文字

【例】使用红外线扫描仪，会发现新写上去的字痕迹很淡，可以看出之前的数字是"1"。

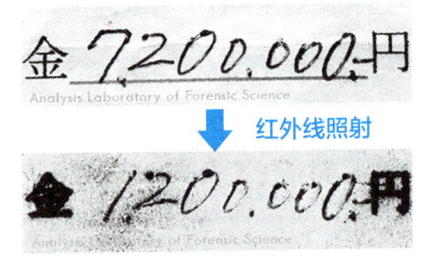

红外线照射

扫描后的图像

◆ 用搭载CCD摄像头的高性能显微镜进行鉴定

【例】放大①和②进行比较，通过竖线与横线的上下关系，能够观察到笔顺以及不自然的笔画增加现象。

高性能显微镜

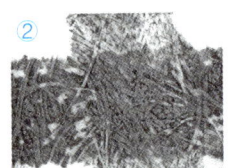

①的竖线在上，②的横线在上。

◆ **使用ALS鉴定**

【例】通过ALS可以辨认修正液涂掉的文字。用ALS照射图①中伪造的文书,就能看到用修正液涂掉的图②中的名字。

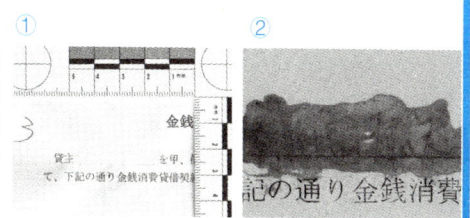

◆ **文书鉴定装置:VSC(文检仪)**

检查文件上墨水变化、删除文字、增加文字、褪色文字等肉眼无法判定的伪造及篡改行为的装置。美国FBI、日本科学搜查研究所在内的侦查机构以及出入境审查机构也引进了这种仪器。文检仪在侦查中发挥着重要的作用。

人的发声原理与分析方法
气息通过声道变为声音

声音鉴定是指将声音频率转换成图形并进行分析的过程，可以分为**声纹分析和声音分析**。

声纹分析用来分析人的声音，鉴别这个声音与某个特定的声音是不是同一个人发出的，这种鉴别方法可信度很高。

而声音分析是用来分析人的声音之外的所有声音的鉴定方法。

人的声音是由肺部排出的空气带动声带振动发出的，发声的瞬间会有无数的频率叠加在一起，如果只是发单一的"嘟嘟"声，则没有个体差异，只有声音的高低之分。

声音经过由喉头、口腔、鼻腔三个部位组成的声道时，产生共鸣和增强效果，从而形成具有多种频率和一定含义的声音。

声道的长度、发声器官的形状均存在个体差异，例如卷舌形状、口腔和鼻腔的开阔度以及牙齿的排列方式等都不相同，因此每个人都有特定的声音。

声音具有个体差异，用声音分析软件分解人的声音，根据频率高低排列而成的图像叫作**"声纹"**。

声纹是声音的指纹，声音的高低强弱与时间变化用线条的长短浓淡来表示，微妙的差异用肉眼可见的图案区别来表现。

通过声纹进行个人识别的频率分析装置叫作**"声音摄谱仪"**，声音摄谱仪可以用来侦查犯罪案件，且已经取得了非常不错的效果。

即使用变声器改变了声音，通过现在的声音分析技术也可以鉴别出来！

发声原理和声纹

◆ 发声原理

声带 →
从肺部呼出的空气带动声带振动发出声音。声带发出的声音像蜂鸣器一样。

声道 →
声音经过喉头、口腔、鼻腔等部位时产生共鸣与增强效果，频率加强。

声音的个体差异
声道的长度、器官形状、舌头的卷曲方式、牙齿的排列等形成了每个人独特的声音。

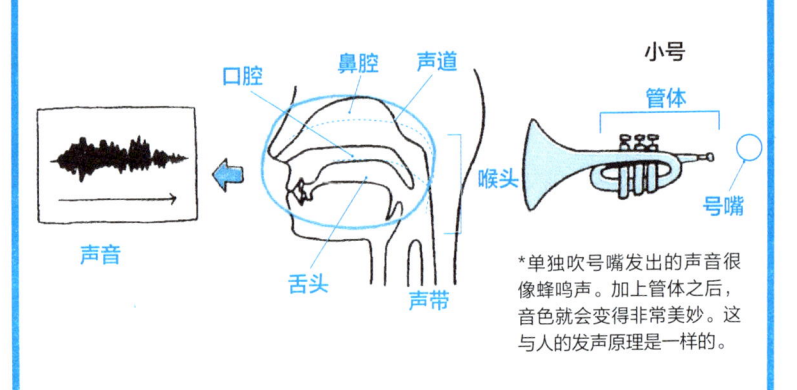

声音

口腔　鼻腔　声道
喉头
舌头　声带

小号
管体
号嘴

*单独吹号嘴发出的声音很像蜂鸣声。加上管体之后，音色就会变得非常美妙。这与人的发声原理是一样的。

◆ 声纹

用线条的长短浓淡描绘声音的高低、强弱、时间变化，用肉眼可见的图形差异来表示细微的声音差别，得到的图像就是声纹（"声音的指纹"）。

纵轴为频率

声纹

横轴为时间

◆ 用声纹鉴别声音是否被篡改

修改录音音频后，用计算机可以观察到声纹出现了不同的片段。A和C的声纹符合连贯性特征，但B与两端有所差异。因此，可以判定音频文件被插入了其他录音片段，录音内容经过了篡改。

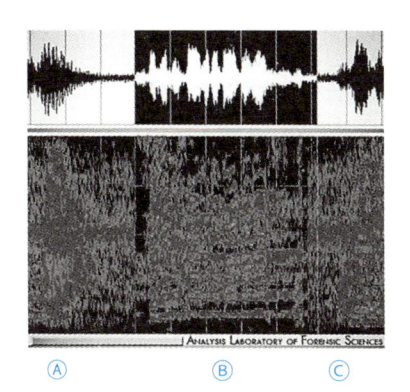

Ⓐ　　Ⓑ　　Ⓒ

分析声纹，识别个人
声纹分析装置——声音摄谱仪

声纹分析鉴定法在提供案件证据方面，价值仅次于指纹识别，是证明犯罪事实的重要科学依据。

接下来将进一步介绍前面提到的声纹分析仪器。**声纹是用纵轴表示频率，用横轴表示时间，用浓淡表示音强而形成的图谱。**

而用以分析声音数据并显示声纹形状的仪器就叫作"**声音摄谱仪**"。鉴定的时候，如果没有采集到同一个词的声音数据，就无法对声纹进行比对。

人耳能分辨出来的声音频率为20~20 000Hz（赫兹），**声纹分析的对象以85~8000Hz这一频率范围最为集中。**

声纹分析时，用声音摄谱仪的滤波器将声音分为窄频带（频宽为45Hz）和宽频带（频宽为300Hz）两种。 窄频带显示声音的高低及频率成分的详细状态，声纹呈条纹状，观察条纹之间的间隔，就可以了解声音的高低（音调）。宽频带的声纹数据表现为深浅带状。颜色较深的区域，声音的频率成分较为集中，叫作"**共振峰**（共鸣频率带）"。

共振峰按照频率由低到高的顺序，依次划分为"第一共振峰

（F1）""第二共振峰（F2）"等，共振峰的浓淡能够标示出个人信息。

目前，声音摄谱仪精确到能够分析出1/5000秒的声音。比较对象为两个声纹的时候，10秒之内如果有12处特征点一致，则认为二者为同一个人声的可能性很高。

> 声音摄谱仪是美国贝尔实验室的拉尔夫·波特（Ralph Potter）博士于20世纪40年代发明的！

声音摄谱仪

◆ 声音摄谱仪

分析并以声纹波谱的形式显示声音数据的频率分析仪器。把光和电磁波置于分光装置上，根据波长不同而显示出不同颜色的光波排列成为波谱，声音摄谱仪的名称由此而来。

◆ 两种分析法

窄频带（频宽为45Hz）
声纹呈条纹状，观察条纹的间隔，可以了解声音的高低（音调）和频率分布。

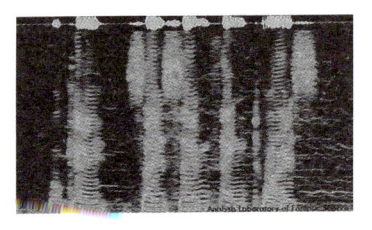

宽频带（频宽为300Hz）
声纹呈深浅带状，深色区域为声能[1]较强的部分，叫作"共振峰（共鸣频率带）"。

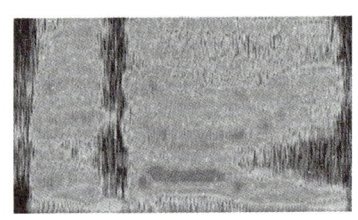

---

[1] 声能是物体振动后，通过传播媒介、以波的形式发生的机械能的转移和转化。——编者注

◆ 共振峰（共鸣频率带）

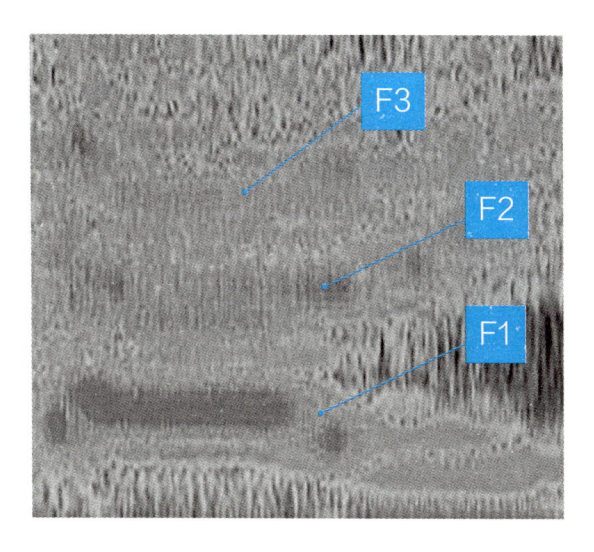

声音在声道中产生共鸣、增强强度，与此同时，有些区域能将特定频率的声音音量放大。这些区域按照频率由低到高分为"F1（第一共振峰）""F2（第二共振峰）"……"F5（第五共振峰）"。

第一共振峰和第二共振峰的分布决定元音，第三、第四、第五共振峰的分布决定音质。

分析声音传递出的犯人画像
从犯人的电话中识别背景音

声音鉴定不只包括声纹分析，还可以捕捉很多关于声音的信息。

嫌疑人打来的电话是很重要的线索。学校的铃声或钟声、铁路道口的音响器声这类背景音或环境音也对信号发出地的确定有所帮助。

而且，当目标声音因汽车的引擎声、人群的嘈杂声等噪音干扰而不清晰的时候，可以用计算机技术去除噪音，并对极其细微的特定声音成分进行分析，掌握有可能确定地点且具有一定特征的声音，从而获得能够协助案件侦破的重要线索。

如果犯人在室内说话，声音一定会反射，如同回音一样返回。机器能够识别出这种反射声，但人耳无法分辨。分析空间反射声，就能了解犯人是在室内还是室外。而且，如果声音在室内，还能以此推测出大概的空间大小。

如果犯人打来电话，通过电话能确定犯人的声音的话，便可以分析出犯人的画像。声音会随着年龄增长而变化，通过电话里的声音，有时候也能推测出犯人的大致年龄。而且，声音还会因身高不同而出现差异。身高越高，声音往往越低沉；身高越低，声音往往越高。据此规律，也可以在一定程度上判断犯人的身高范围。至于性别特征，一般情况下，女性比男性的声带更短、声音更高。

此外，根据说话方式的特点甚至可以推测出犯人的性格和职业，也就是所谓的"嫌疑人画像"。经过美国FBI的研究，嫌疑人画像分析日趋体系化，日本科学搜查研究所的有些部门也采用这种方法，不过比起逮捕犯人，声音鉴定更多是为案件侦查提供支援。

> 现在已经是一个用智能手机上的GPS（Global Positioning System，全球定位系统）功能就能轻松获取人的定位信息的时代了！

声音摄谱仪

◆ **背景音也是重要的调查信息**

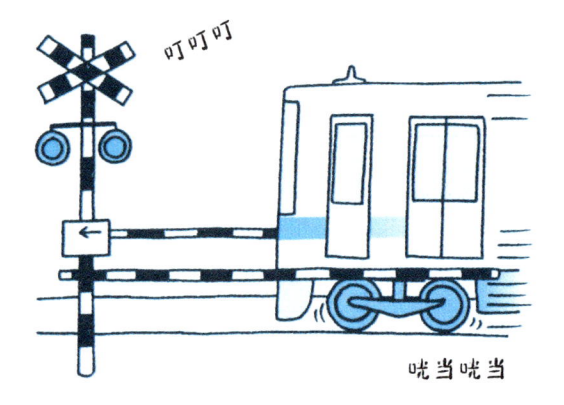

叮叮叮

咣当咣当

○铁路道口音响器或火车的声音
○车站内的广播
○学校铃声
○超市、便利店的店内播报
○寺庙的钟声
　…………

◆ 甲府信金白领诱拐杀人事件的声音鉴定（1993年）

铃木松美曾就职于科学警察研究所，一直致力于根据追查装置所收集的犯人声音研究声音特征。以下为铃木松美出示的该案的声音鉴定结果与实际的犯人画像的对比情况。

特征	鉴定内容	实际的犯人画像
①身高	从声音的频率可以分析出犯人身高在170厘米左右	身高172厘米
②年龄	推测在44到55岁之间	38岁
③所在地	犯人将"yakusoku"发成浊音"yagusogu"，从口音推测犯人应为甲府盆地一带的居民	出生、居住于甲府市
④职业	犯人要求把赎金"用素色封带封起来"，由此判断犯人的职业能够经手大额钱财	就职于售卖大型卡车的汽车销售公司

○ **案件概要**
1993年，山梨县甲府市甲府信金的女职员（当时19岁）被一名自称是新闻记者的男子以采访为由叫了出去，惨遭其诱拐、杀害。犯人自首后被判无期徒刑。

> **专栏**

"吉展酱[1]绑架杀人事件"

分析人声的科学技术在"二战"中突飞猛进。这是因为当时为了分析敌国的通信内容并制订作战方案等，各国以军事目的为主对声音鉴定开展了大量的研究。"二战"之后，关于声音的研究一度被中断，后来美国的贝尔通信研究所（从前文提到的贝尔实验室中拆分而来）在FBI的要求下，再一次展开了对声音鉴定技术的研究工作。

1932年发生的查尔斯·奥古斯都·林德伯格（Charles Augustus Lindbergh，又译"林白"，美国飞行员）长子被绑架的事件中，识别人声的声音鉴定首次登上了历史舞台。查尔斯因独自不着陆穿越大西洋而著名。这起事件中，查尔斯的长子遭到诱拐，最终赎金被骗走，长子被杀害。

日本首次采用声音鉴定技术是在1963年发生于东京都台东区的"吉展酱（当时4岁）绑架杀人事件"的侦查过程中。电视和广播里公开播放了犯人的电话录音。警方在调查这起案件的时候，首次采用FBI的侦查模式，部署了少数专案侦查员，并且对犯人进行了声音鉴定（委托FBI鉴定）。在此之前，警方的侦查方式主要为本部式搜查法，需要从辖区警署及警察厅征调很多侦查人员。

日本警方首次在案件侦查中进行了声纹分析。不过声纹分析结果在本案中并没有成为给犯人定罪的决定性证据，只成了重要的侦查信息。案件发生两年后，嫌疑人遭到逮捕。此后，日本科学警察研究所成立了声音研究室，声音鉴定正式被导入犯罪调查系统中。

---

[1] "酱"是日语人名后缀词"ちゃん"的音译，一般用于称呼关系亲密的晚辈或平辈，尤其是小朋友。——编者注

第6章 突发火灾及交通事故的鉴定

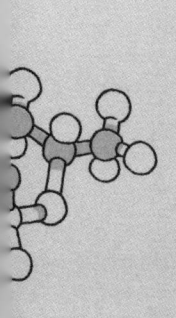

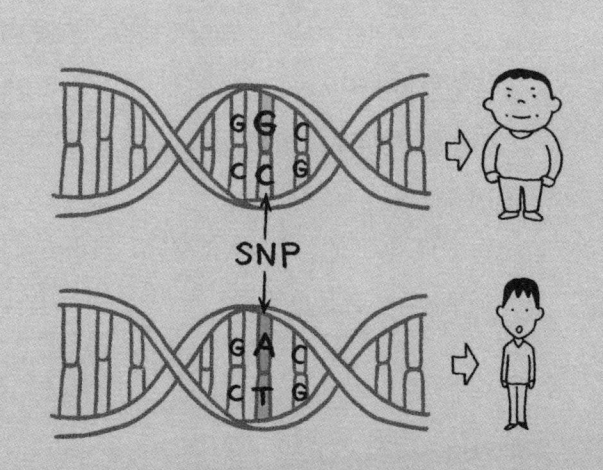

对经验和学识要求较高的交通事故鉴定
科学鉴定事故原因和车辆行驶状况

很多人可能认为自己和科学侦查不可能产生关联，但是任何人都有可能突然被卷入交通事故之中。

如果交通事故只是造成了轻微的物品损害，当事人通过私下协商或许就能解决，但是如果出现人员死伤，酿成大型事故，或者遇到肇事者逃逸等情况，则需要基于现场搜查取证的情况进行科学鉴定，模拟复原交通事故，查明事故原因和车辆的行驶状况等。

交通事故的鉴定范围很广，且需要鉴定人员具备丰富的经验和很广的知识面。对交通事故的鉴定，基本流程大致如下：

（1）最重要的是对事故现场的实际情况进行鉴定，现场道路上的痕迹及事故车辆的损伤能反映出事故的状况。该过程需要观察轮胎痕、摩擦痕、凿痕、油痕、血痕、车辆零部件、事故车辆的损伤部位及损伤程度等。从这些地方可以判断撞击的角度和速度等。

（2）询问事故相关人员，搜集信息，提取符合现场实际情况的准确证词。

（3）基于对事故现场的鉴定，对事故进行模拟复原和检验。交通事故并不都是由驾驶人员注意力不集中引起的。除了车辆结构之外，还得考虑到道路结构、周边环境、气象状况等各种各样的因素，鉴定时需要综合收集事故当天关于这些因素的资料，对事故进行模拟复原和判断。

（4）根据上述鉴定结果，对事故状况进行综合性判断，制作鉴定报告。

> 装有ABS系统（Antilock Brake System，防抱死制动系统）的车在急刹车的情况下车胎也不会抱死。ABS系统可以防止车子侧滑，但基本不会在事故现场留下刹车痕！

交通事故鉴定的基本流程

鉴定实际情况
↓
听取有关人员的证词
↓
事故模拟复原
↓
事故状况判断与鉴定书制作

(1) 鉴定实际情况

①道路痕迹调查

调查轮胎痕、摩擦痕以及油痕等痕迹的种类、数量和方向，采集玻璃片、漆膜片，调查受害者的血痕等。

调查要点：确定撞击地点，分析有无刹车，了解方向盘的操作。玻璃片、漆膜片是确定肇事车辆特征的重要证据。

②事故车辆的损伤分析

对事故车辆的变形部位进行精确、细致的记录和分析。可以向汽车厂商索取设计图对变形部位进行详查。

调查要点：确定撞击速度、撞击角度、撞击部位。

(2) 对相关人员的事故取证

事故发生后不久，现场处于混乱状态，很难获得准确的证言，所以需要重新进行事故取证。可以调取事故现场附近的监控录像等，掌握事故发生前后的情况。

(3) 事故模拟复原

基于事故实际情况鉴定和事故取证获得的信息对事故进行模拟复原。为了提高事故模拟复原的准确度，当天的环境要素也要考虑在内，还需要辖内警察提供地理、气象等方面的资料。以绘图或3D图像的方式模拟复原事故现场，用来观察事故。

(4) 事故状况判断与鉴定书制作

揭秘交通事故的关键——事故模拟复原
通过画像分析和高精度绘图让事故真相浮现

在用交通事故鉴定追查事故真相的时候，如果仅将每个证据单独处理的话，很容易错过事故的真相。

交通事故的发生往往伴随着多种复杂因素，需要结合法工学、法医学、信息科学等多种学科领域的方法进行分析。

例如，日本车辆的性能和构造、零部件信息需要从国土交通省和汽车厂商那儿调取，道路结构和周边环境需要与各个地方自治体（即日本的地方管理机构）确认，道路交通标志要与各个都道府县的公安委员会确认，当天的天气需要参考气象厅的信息。而包括辖内警察在内的人员如何收集这些与事故状况相关的必要信息，决定了事故鉴定结果的准确程度。

从现场和各个行政机关处收集到信息之后，需要对这些信息进行分析，并将事故模拟复原。

模拟复原事故有各种各样的方法。

例如，一般认为照片当中肉眼可见的信息量仅占15%。因此，对事故现场的照片进行图像分析，可能会发现其中隐藏的事故痕迹。

而且，根据驾驶人的视野、车辆的位置关系、开始转弯的位置、车速、行驶轨迹等计算得到的数据，可以绘制出高精度图像，极可能模拟复原出事故现场。

此外，用3D技术模拟复原事故车辆和道路，也可以将事故变得肉眼可见。

还有一种方式，即通过伤痕来模拟复原事故。比对受害者受伤的位置和车辆残留的痕迹，就能客观地推算出撞击的速度和方向。

交通事故鉴定的基本流程

◆ 模拟复原的必备要素及其管辖机构

车辆构造、零部件信息→**日本国土交通省及汽车厂商**
道路构造及周边环境　→**各个地方自治体**
道路交通标志　　　　→**都道府县公安委员会**
当天的气象信息　　　→**气象厅**

◆ 事故模拟复原手法

图像分析　通过事故现场的照片分析肉眼看不到的信息，发现新的事实。例如，如果发现肉眼看不到的刹车痕，则可以将其作为判断故意或过失事故的证明材料。

图像分析

◆ **高精度绘图・制作3D图**

计算车辆的位置关系、行驶轨迹等数据，根据数据绘制高精度的图像，从而查明真相。也可以制作3D图。

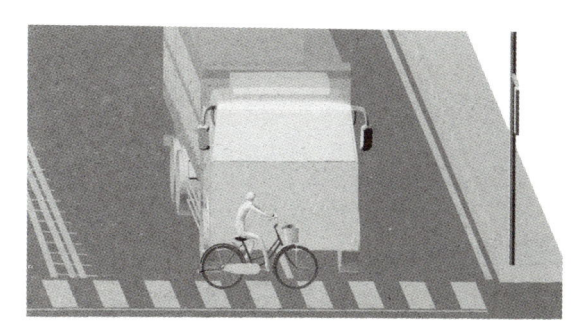

事故现场的3D画像

◆ **通过痕迹模拟复原事故**

利用受害者车辆在事故中产生的伤痕模拟复原事故，客观地复原撞击时的情况等。

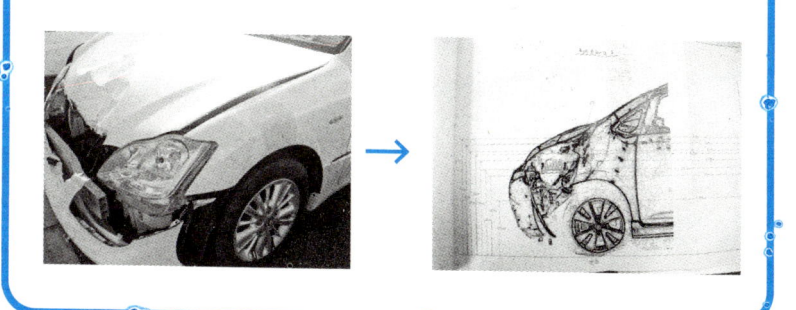

追捕肇事逃逸的犯人！
分析路上的轮胎痕、漆膜片等痕迹

2017年，日本约有8253起肇事逃逸事件发生，与2004年的20 000起相比，减少到了一半以下。交通事故的整体拘留率从2005年起有逐步攀升的趋势，具体到肇事致人死亡事件的拘留率，会发现已经从90%上升到接近100%。（数据来源：2018年版日本法务省《犯罪白皮书》）

肇事逃逸事件发生后，从现场残留的痕迹中能锁定车型等信息，从而快速找到肇事车辆。犯罪车辆可能有多种用途，如空宅踩点、犯人逃跑、搬运尸体等。要找到与嫌疑人密切关联的车辆，很重要的一个依据就是车胎痕迹。车胎痕迹的重要性不单单体现在肇事逃逸事件中，很多涉及车辆的犯罪行为都可以将车胎痕迹作为侦查依据之一。轮胎与地面接触的地方，有几种固定的胎面花纹（凹槽纹路），所以当残留的胎面花纹比较清晰时，可以目测出车的大致车型。

此外，不同品牌、型号的轮胎的成分比例也有所不同。因此，通过对残留在路上并混合了灰尘及焦油的微量轮胎痕迹进行成分分析，有时也能判断出车辆的制造年份和车型等。

同样，漆膜片也会因车型、款式以及年份的不同而有所不同。车辆的涂装由底涂、中涂和面涂三层构成，若每层的颜色、成分都一致或相匹配，则可推断出车辆的信息。

塑料片、玻璃片在确定车型方面也有重要的作用。不同玻璃制品之间的差别不大，不过精密地测量每种玻璃的折射率后，就能识别出现场的玻璃片与其他玻璃片是否相同。

此外，也可以通过分析钡、锑、砷等微量杂质，来确定车辆的信息。

警方关联机构有庞大的车辆相关数据，发生事故后逃逸的行为万万不可取！

分析道路痕迹

漆膜片

玻璃片

轮胎痕

◆ **胎面花纹类型**

轮胎表面有所谓的"胎面花纹",大致分成四个类型。

直沟型花纹
轿车、卡车、大巴

横沟型花纹
建筑用车辆
农耕用车辆

直横沟花纹
产业用车辆
建筑用车辆

块状花纹
雪地轮胎
防滑深纹轮胎

◆ 漆膜片

涂装分为三层，通过涂料甚至可以确认车型、款式、生产时间、制造工厂。检查方法是用红外吸收光谱观察红外线吸收率的差别。也可以用扫描电子显微镜观察漆膜片的横截面等。

三层涂装
面涂（30~50微米厚）
中涂（30~50微米厚）
底涂（20~25微米厚）

◆ 玻璃片

检测折射率，识别异同。

火灾鉴定查明火灾原因
勘查起火位置，查明是纵火还是失火

　　火灾鉴定的作用是找到起火处及起火原因，确定是纵火、失火还是自然起火。2017年，日本全国的起火事件共有39 377起。起火原因居于首位的是"香烟"，3712起；第二位是"纵火"，3528起。而"疑似纵火"案件共有2305起，与"纵火"相加，总共约占起火事件的14.8%。（数据来源：日本总务省消防厅防灾信息室）

　　火灾往往会导致现场的物证被烧毁，所以很难查明起火原因。

　　因而，火灾鉴定会根据火灾现场遗留的燃烧痕迹，用归纳法的方式追踪"燃烧处→起火处→点火处"的燃烧路径，严谨地调查出火灾的起因。而且，从火灾发生前的现场情况、气象情况、灭火人员及火灾发现人员的证词中也可以追查出起火处及起火原因。

　　如果是纵火引起的火灾，非常关键的一点是找到点火装置、助燃物等物证。

　　在对燃烧残留物这类物证进行分析时，需要用到气相色谱质谱联用仪。对现场采集的样品进行加热处理，将样品加热后产生的气体成分逐一分离检测，以此来调查样品中是否含有汽油或煤油等成分。有的燃烧残留物成分即使极其微量，只有数百万分之一克，也能够检测出对应的物质。

　　肉眼看上去燃烧殆尽的残留物在ALS红外光的照射下，可以观察、区分出燃烧程度。根据燃烧程度的差别可以确定起火点。如果起火点很不自然，则认为有很大的可能性是纵火所致。

> 在火灾现场发现尸体时，尸体位置也能成为破解死因的一大证据！

查明起火原因

◆ 确定助燃剂的方法

○燃烧残留物分析
用气相色谱质谱联用仪测量挥发性成分的含量，检测是否有汽油、煤油等助燃剂。

【例】
检测火灾现场的燃烧残留物，若发现含有和煤油相同的成分，则证明现场曾经存在煤油。

◆ ALS追查起火点

用ALS红外光照射燃烧残留物，戴上红色滤色镜进行观察，可确认燃烧物的燃烧程度。

【例】
肉眼看上去①和②都是燃烧完全的燃烧残留物，用ALS红外光照射会发现②的中心部位发白光。白光表示燃烧终止于表面。据此可以判断出②距离起火点较远。

① ②

不完全燃烧的部分

接近起火点的燃烧残留物 　离起火点较远的燃烧残留物

自杀还是事故?

一般情况下,如果尸体离门口较远且未表现出想要逃脱的样子,应为自杀。如果距离门口较近且看着窗户的方向倒下,则可以推测死者死前在逃跑的过程中力竭而亡,死于事故。

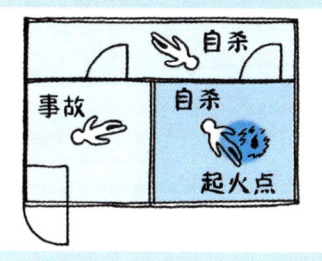

> 专栏

将行车记录仪应用于案件侦查

2017年6月，日本东名高速公路上，一对夫妇因赌气驾驶发生交通事故死亡，这一事件使赌气驾驶引起了很大的社会关注，日本警察厅随即向全国的警局发布指令，须按照危险驾驶致死伤罪及暴行罪在内的一切相关法律法规对赌气驾驶行为进行严格预防与惩戒。

这一指令发布之后，2018年1月至6月之间，因违反道路交通法（尤其是违反车距规定）嫌疑被检控的事故共6130起，与前一年相比，同比增长了一倍。

尽管明确了法律法规，2018年1月还是发生了一起赌气驾驶交通事故。根据规定，赌气驾驶发生交通事故造成人员死亡，应按杀人罪处理。这起案件发生在大阪府堺市，一名骑摩托车的男大学生被赌气驾驶的汽车追尾致死。一审时，被告人声称本人"不是故意的"，矢口否认了自己的杀人意图。本案杀人罪成立与否的争议点在于被告人有无故意犯罪，即有没有考虑过"撞上去或许能把对方撞死"。

大阪府警察署除了分析被告人车上的行车记录仪，还调取了周围行驶的其他车辆的行车记录仪，调查到从被告人被受害者的摩托超车到追尾事故发生的全过程，影像客观地记录了全程1分钟、大约1千米之内二者赌气驾驶的详细情况。在调查诸如此类发生率较高的机动车犯罪案件时，有"移动的监控摄像头"之称的车载型影像记录装置——行车记录仪可以在解决案件的过程中提供有力的证据。

第 7 章

高发性威胁——滥用药物及毒物的鉴定

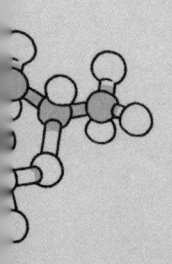

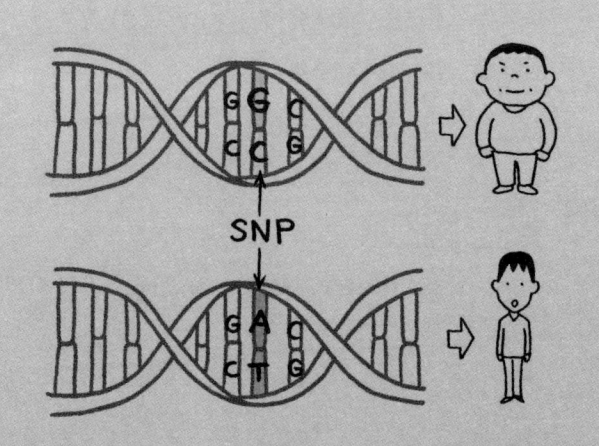

日益增长的网络犯罪
网络犯罪横行

对于有犯罪欲望的人而言,犯罪也不会留下物理性证据的网络空间十分有魅力。

使用网络的任何人都有可能在毫不知情的情况下被卷入网络犯罪之中,网络其实也是一个非常危险的地方。

因此,科学侦查也不断在全网布局,随着法律制度的不断完善,科学侦查的技术也在不断进步,日本的《警方白皮书》记载,日本2018年网络犯罪案件的侦破数量为9014起,打破了历史最高纪录。

网络犯罪的定义是"恶性使用计算机技术、电子通信技术的犯罪行为"。此类犯罪大体可以分为三类:

(1) 以计算机、电子数据为对象的犯罪行为;

(2) 使用网络的犯罪行为;

(3) 违反《不正连线行为禁止法》[1]的犯罪行为。

---

[1] 日本关于全球网络交易安全等的法律。——译者注

其中，使用网络的犯罪行为最多，例如发布儿童色情照片等淫秽物品、网络钓鱼诈骗行为、擅自发布乐曲等侵犯著作权之类的行为。

展开网络犯罪科学侦查时，首先需要确定罪犯使用的设备。侦查的一般流程为：收集并分析网络服务商一定时间内保存的通信记录（包括登录信息），追踪能够确定终端设备的IP（Internet Protocol，网际互联协议）地址来确定作案设备，依此查出设备使用者（嫌疑人）的身份，从而证明犯罪行为。但是，最近警方面临着越来越多的问题，如有些网络罪犯会通过海外的服务器非法登录国内的会员网站等，遇到这种情况，就很难确定罪犯的身份。防止网络犯罪最好的措施就是不要点击可疑的网站。

> 遇到诈骗网站时，最好的应对方式是关闭网页，无视诈骗信息。

什么是网络犯罪

◆ 以计算机、电子数据为对象的犯罪行为

- 篡改主页。
- 对银行网络设备进行不正当操作。
- 制造并发布计算机病毒,使服务器系统瘫痪。

◆ 使用网络的犯罪行为

- 网络拍卖诈骗行为(贩卖赝品等)。
- 在网络论坛销售兴奋剂等违禁物品。
- 在网络上提供淫秽物品(发布或持有儿童色情照片等)。
- 在网络论坛发布犯罪预告、胁迫等内容。
- 在网络论坛刊载诽谤、中伤企业或个人的内容。

◆ 违反《不法连线行为禁止法》的犯罪行为

- 擅自使用他人的账号、密码(冒充行为)。
- 使用不正当程序,不正当地利用网络漏洞及缺点。
- 开设钓鱼诈骗网站。

◆ 关于网络信息的犯罪行为

■盗取国家、机构、企业的机密信息。

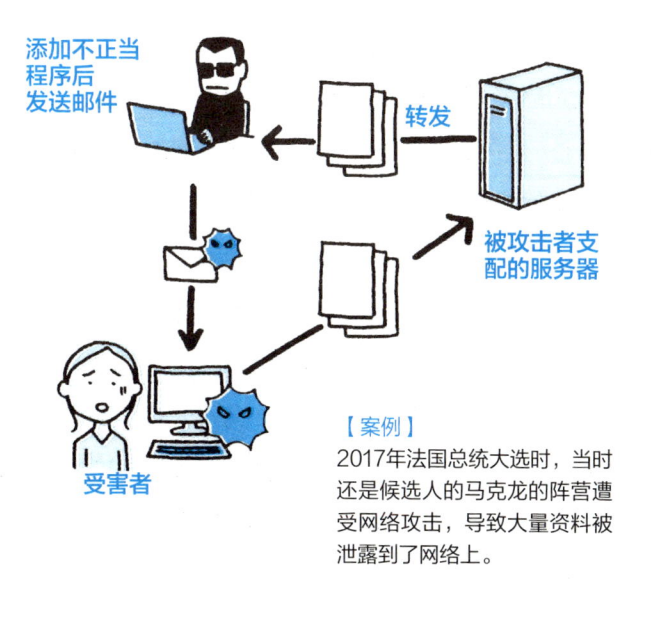

添加不正当程序后发送邮件

转发

被攻击者支配的服务器

受害者

【案例】
2017年法国总统大选时，当时还是候选人的马克龙的阵营遭受网络攻击，导致大量资料被泄露到了网络上。

蔓延至年轻群体的药物滥用现象
兴奋剂、大麻、麻醉剂等强依赖性药物[1]

药物犯罪是一个全球范围内的巨大社会问题。药物犯罪不仅会损害药物使用者的身体健康,还会给使用者带来幻觉、妄想等精神方面的伤害,并可能因此做出杀人等性质恶劣的犯罪行为,或为了获取购买药物的资金而走上抢劫等犯罪道路。

针对药物犯罪的科学侦查,首先需要鉴定没收的药物是兴奋剂还是毒品,并证明嫌疑人是否携带或使用药物。

日本滥用现象最严重的药物是兴奋剂。

兴奋剂是通过化学合成制作的人工药物,有很强的依赖性,冰毒、安非他命是较为常见的兴奋剂。此外,人们熟知的药物还有大麻、可卡因等。大麻是从植物印度大麻中提取的药物,大麻叶子干燥后形成的物质叫作"大麻",树脂凝固后形成的物质则被称为"哈希"。可卡因是从古柯叶内提取的化合物。

检察人员在判断药物成分的时候,并不会像我们在电视上看到

---

[1] 本书对强依赖性药物的分类为作者依据日本相关法律所分,与中国对此类药物的分类有所不同。——编者注

的那样，用舌头舔白色的粉末，而是会通过伴有变色现象的显色反应预检以后，再用气相色谱质谱联用仪等仪器进行确证检验。

每年都有药片类麻醉剂或兴奋剂从海外走私进日本，人工合成毒品摇头丸的缴获量在逐年增长。据日本法务省《犯罪白皮书》记载，2016年兴奋剂的缴获量约为前一年的3.5倍，干燥大麻的缴获量约为1.5倍，摇头丸等药片类人工合成毒品的缴获量激增了大约4.8倍。药物犯罪几乎都是非法售卖团伙有组织性的犯罪行为，查明非法售卖渠道对于打击药物犯罪十分重要。

> 非法售卖药物的手段越来越隐蔽，有的还会通过网络或快递等方式销售，一定要注意！

多种多样的强依赖性药物与服用症状

◆ 兴奋剂
（日本《兴奋剂管制法》）

通过化学合成制成的人工药物。广为人知的兴奋剂有冰毒和安非他命。服用后会产生幻觉、妄想等强烈的中毒症状。摄入方式多为注射。

兴奋剂

◆ 大麻
（日本《大麻管制法》）

从大麻植物中提取的药物。分为干燥大麻和液体大麻两种，叶子、穗状花序干燥后形成干燥大麻（大麻），树脂等凝固后形成液体大麻（哈希）。服用大麻会令人产生幸福感，进入陶醉状态。摄入方式多为抽吸。

大麻草

◆ 麻醉剂
（日本《麻药以及精神药品管制法》《鸦片烟法》）

●**可卡因** 从古柯叶中提取的生物碱成分。中毒症状为兴奋、话多、疲劳感消减等。摄入方式为鼻吸。

●**鸦片/海洛因** 罂粟中所含的生物碱。有镇静效果。东南亚"金三角"地带的罂粟栽培曾经很有名。鸦片的滥用方式多为吸食，海洛因则以注射为主。

可卡因

●**摇头丸** 人工合成毒品。具有与兴奋剂类似的化学结构，能引起幻觉、让人兴奋，会破坏人的大脑和神经系统。

摇头丸

◆ 药物调查

| 缴获药物分析 | → | 药物摄取证明 | → | 获取渠道追踪 |

通过尿液或毛发检验药物
用预检和确证检验鉴定药物的种类和使用情况

判定药物犯罪需要证明当事人持有或使用非法药物。因此，必须确认缴获的物品是不是非法药物，以及逮捕的当事人有没有实际使用该类药物。首先需要做简单的**筛选试验（预检）**。通过预检可以确认当事人有没有使用违禁药物，如果预检结果呈阳性，则需进一步进行**确证检验**。确证检验一般需要采集尿液，视情况也会用到唾液、毛发、汗液等。

使用药物后大约5天之内，均可从当事人的尿液中检测出药物。当然，检测效果会因摄取时间的长短及用量而异。毛发的检测效果长达数年，能够检验出过去的药物服用史。虽然不排除个体差异，但毛发平均每个月都会长1厘米左右，通过分割毛发并进行分析，即可推测出药物的使用频率及大致的使用时间。**确证检验需要用气相色谱质谱联用仪。**

现在，科学侦查用的最新分析仪器可以检测出以纳克（十亿分之一克）为单位的药物。随着最近被列为**"危险药品"**的违禁药物种类不断增加，分析的时候需要格外细心，而且鉴定的时候需要检测人员具备极高的技术和知识水准。除警局以外，日本在**厚生劳动省**

地方厚生局麻药取缔部也设了鉴定科,负责药物的检查与鉴定。

厚生劳动省地方厚生局麻药取缔部大约有一半的人都是药剂师。这些药剂师拥有特殊司法警官的权限,可以携带手枪等武器,有权进行强制搜查等行为,并执行与毒品有关的犯罪调查及管理工作。

> 犯罪分子往往会冒用合法香草、香薰等名义销售危险药品,一定要多加留意!

药物检测步骤

采集检验样品 → 被检人在侦查人员陪同下采集检验样品。

预检 → 将尿液滴在专用的筛选工具上,观察尿液的反应。

确证检验 → 用气相色谱质谱联用仪分析、鉴别药物。

气相色谱质谱联用仪

基于化学结构进行物质分离,并根据质量的差异确定物质成分的分析仪器。经常用于火灾现场的油类成分鉴定以及毒物鉴定。

毛发的检验步骤
①用洗涤剂或甲醇去除毛发表面的污染物。
②将毛发溶解于强碱，用有机溶液进行提取。
③使用气相色谱质谱联用仪确认成分。

◆ **可自行检测药物的检测工具A10**

可以很轻松地进行药物检测的检测工具。一次最多可检测10种药物。

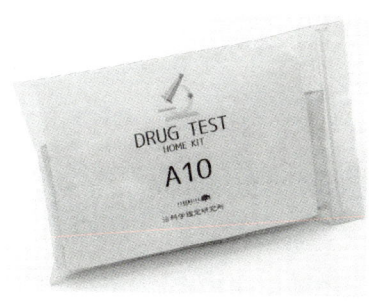

各式各样毒物泛滥的社会
通过毒物种类追踪入手渠道

毒物自古就被用作杀人，随着时代的变迁，毒物也在不断变化。

古代使用的毒物一般是金属或动植物等自然类毒物，**而如今我们生活中会用到大量化学物质，犯罪可使用的毒物也越来越多样化。**

现在，使用砷或氰化钾的毒杀行为是较为典型的杀人手段，"二战"结束后不久，氰化物在日本的使用频率非常高。

氰化钾或氰化钠与胃酸等酸性物质混合时，会产生有剧毒的氰化氢，仅服用0.2克的氰化钾，服用者便会毒发身亡。

1948年，日本发生了"帝银事件"，犯人就是用氰化钾毒杀了12个人。此外，日本另一起案件"格力高·森永事件"（1984—1985）中，自称"怪人21面相"的犯人散播了混入氰化钠的点心，引发了社会恐慌。

日本进入经济高度增长期（1955—1973）后，农药引起的中毒死亡事件不断增加，在"名张毒葡萄酒事件"（1961年）中，有5个人因白葡萄酒里混入了含磷的有机化合物农药"特普"死亡。类似的毒物犯罪案件中所用的毒物也随着时代的变化，呈现出多样化的发展趋势。

毒物的提取方法各式各样，和禁用药物一样，需要先从中毒症状、预检结果来推测毒物的种类，再通过仪器对毒物进行分析、鉴定。挥发性毒物（如氰化物、香蕉水[1]等）使用气相色谱质谱联用仪分析，不易于挥发的毒物（如砷、乌头碱[2]等）则可以用高效液相色谱法进行检测与鉴定。

> 日本"和歌山毒咖喱事件"已经过去20多年了，犯人还在申诉。与毒物有关的案件鉴定起来很难！

---

[1] 由多种有机溶剂配制而成的无色、透明、易挥发的液体。——译者注
[2] 存在于川乌、草乌、附子等植物中的主要有毒成分。——译者注

什么是毒物

◆ 毒物的定义

包含毒药和烈性药物，此类物质经口服或吸入、注射等方式进入生物体，会造成生物体组织损伤，引起功能性障碍，最终导致生物体死亡，有类似作用的物质统称为"毒物"。日本《毒性药物及烈性药物取缔法》中指定了具体的毒物名称。毒性强的是毒药，稍弱一些的是烈性药物。

◆ 主要的毒药种类

○氰化钾

氰化钾进入胃部，会产生一种叫作"氰化氢"的剧毒，使细胞停止呼吸。氰化钾的致死量为0.2克，几分钟之内便可令服用者死亡。解毒剂为亚硝酸异戊酯，摄取方式为吸入。

○砷

砷及其化合物广泛存在于自然界之中。元素形态的砷几乎没有毒性，带毒性的主要是砷化合物，三价砷的毒性尤其强，推测致死量为每千克体重2~3毫克。急性中毒的初期症状为呕吐、腹痛、腹泻、血压降低等。

○ **乌头**

毛茛科多年生草类植物,主要毒性成分为乌头碱。根部含毒量较高,食用后会出现呕吐、呼吸困难、器官功能不全等症状,重者致死。

○ **农药**

被指定为毒药或烈性药物的农药较少,但杀虫(杀虫剂)、杀死植物(除草剂)的农药若是使用不当也可以变成毒药。

乌头花

生化武器的威胁
沙林毒气、VX、炭疽杆菌攻击事件

生化武器曾被称为"穷人的武器"。因为只要有具备制造能力的人员和低廉的机器及材料,任何人都能获得生化武器。但是,生化武器可能造成无差别的大范围杀戮,国家以及大型组织团体一般不会轻易使用。究其原因,主要是可能会出现不分敌我的情况,造成巨大的危害,而且还有污染国土的危险。所以即使打败对方,或许也无法支配或占领对方的地盘。但是,对于以毁灭世界为目的的某些邪教、抱有终结思想的宗教恐怖分子以及对生存不抱希望的个人恐怖分子,上述顾虑显然并不适用。

1995年3月,世界闻名的化学武器恐怖袭击案发生了,新兴的邪教组织奥姆真理教制造了"东京地铁沙林毒气事件"。犯罪分子在地铁车厢内释放沙林毒气,导致乘客和车站工作人员共12人(一说13人)死亡、5500余人负伤。此外,美国电影《勇闯夺命岛》中令人闻风丧胆的毒气弹,填充的是VX神经毒剂(VX nerve agent),这种毒剂被认为是人类研发的毒性最强的神经性毒剂之一。

2001年,刚经历多地同时爆发的恐怖袭击,美国又爆发了炭疽攻击事件，这是一起使用炭疽杆菌的生物武器恐怖袭击事件。媒体相关人员及两名民主党议员收到了含有炭疽杆菌的信件，造成22人受害，其中5人死亡。

基于种种事件，日本各个都道府县的警察为了预防恐怖事件发生，成立了**特种奇袭部队（SAT，Special Assault Team）、NBC反恐快速反应部队**，强化了防范措施。

> NBC反恐快速反应部队的"NBC"分别是核（Nucleus）、生物（Biology）、化学（Chemistry）的首字母！

人类最强的神经毒剂——沙林及VX

◆ 沙林事件概要

日本邪教团体奥姆真理教利用有毒气体沙林进行的无差别杀人事件。
①1994年6月,造成日本长野县松本市7人(一说8人)死亡,数百人受伤。
②1995年3月,以通勤高峰时期的东京地铁为目标,死伤者超过5000人。
为人类犯罪史上非常罕见的犯罪事件。至今仍有受害者经受着后遗症的折磨。

◆ 什么是沙林?

1938年在德国研制出的有机磷化合物神经毒剂。无色透明液体,有微弱的水果香气,汽化后被人吸入体内,会以强大的破坏力损坏人的神经。摄入后反应为:膀胱收缩→分泌大量汗、泪、鼻涕,头痛、恶心→抽搐、失禁、意识障碍→昏睡、呼吸停止。致死量为1毫克。

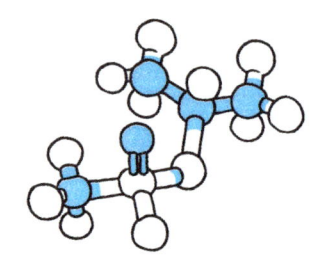

◆ 沙林与VX的区别

二者均为毒性很强的神经毒剂，但VX的毒性约为沙林的20倍。沙林的挥发程度与水相同，VX则几乎不挥发。因此，沙林在室内、地铁等密闭空间中使用比较有效果。而VX如果散播到人群聚集的郊外，会造成非常可怕的局面。

沙林与VX的处理方法

首先需要做的是用水冲洗现场。沙林、VX与水接触后会分解，毒性消失。此外，除通过呼吸进入肺部之外，人的皮肤也会直接吸收这两种毒气，因此需要遮蔽好全身。

通过枪弹痕迹鉴别枪支
凭借射击残渣和膛线痕迹锁定犯人

犯罪案件中常用的枪支包括勃朗宁手枪和托卡列夫手枪等。子弹的弹壳（容器）里装满发射药（火药），还有引燃火药的火帽（底火）。扣动扳机，击锤撞击火帽产生火花，点燃发射药，燃烧的冲击力将弹头推出。这就是枪的原理。

子弹发射时，底火或发射药的一部分（射击残渣）会残留在犯人的手上或衣服上，成为锁定犯人的重要依据。

如案发现场残留着弹痕，就会调查膛线痕迹（摩擦痕迹）。"膛线"是指为了让子弹径直射出而在枪管内刻的螺旋状凹痕。

即使是同一个牌子的同种枪，膛线痕迹也不会完全一样，因此膛线痕迹可以作为追查涉案枪的重要证据。

为了确认子弹是不是从同一支枪发射出来的，需要用"子弹发射实验"进行实弹射击，用比较型显微镜[1]比对实验留下的膛

---

[1] 可以用一个目镜同时观察到左右两个显微镜下的标本像，从而能对它们进行宏观及微观上的比较，达到鉴定的目的。适用于刑事科学实验室中的物证鉴别等基础工作。——译者注

线痕迹和现场发现的子弹是否匹配。科学警察研究所已经将日本曾发生的枪击案中的子弹痕迹以图片的形式备案，通过**枪弹痕迹鉴定系统**（BIRI System）调查比对案发现场的枪是否与过去发生的未解决案件中使用的枪吻合，可以进一步确定犯人身份或枪支的入手渠道。此外，从受害者的枪弹创（因枪产生的伤口）状态也可能判断出枪的种类，还可以利用法医学知识，推断出受击时的射击距离。

> BIRI System（枪弹痕迹鉴定系统）的"BIRI[1]"是为了强调日本是发达国家中最后一个导入这个系统的国家！

---

[1] 日语"ビリ"的罗马音写法，意思是"末尾""倒数第一"。——编者注

通过膛线痕迹锁定犯人

◆ **子弹的构造**

子弹前端叫作"弹头",是子弹飞向目标物的部分。弹壳由发射药、火帽(底火)组成。击锤撞击火帽,便可发射弹头。

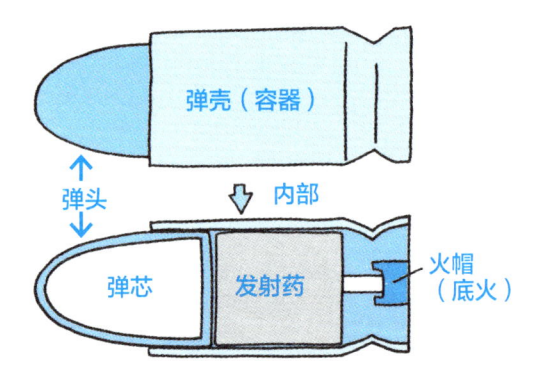

◆ 刻在枪管上的膛线痕迹

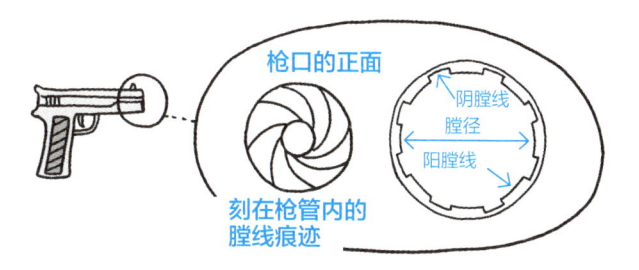

枪口的正面
阴膛线
膛径
阳膛线
刻在枪管内的膛线痕迹

刻于枪管内的螺旋状凹痕，浅浅的凹痕可以让子弹旋转运动，并提升前进性能。每支枪的膛线痕迹都有微妙的差异，这有助于确定枪的种类。

什么是膛径？

枪的膛径指的是枪管内径（≈子弹直径），用英寸（1英寸=2.54厘米）来表示。日本警察使用的手枪"日本新南部M60"为.38膛径（0.38英寸）。

追击世界各地的爆炸恐怖袭击分子
从爆炸残渣的痕迹中推测犯人画像

使用爆炸物的犯罪会造成无差别的杀戮和破坏，是一种极其残忍的犯罪行为。

对爆炸物进行科学侦查的过程中，需要根据爆炸现场残留的爆炸残渣确定爆炸物的种类及用量，从而推测出犯人的特征。爆炸现场的爆炸中心会形成钵状大坑，也就是所谓的"爆破漏斗（爆炸口）"。通过测量坑的大小，能够推算出炸药威力的大小。

此外，搜索未燃烧的残留炸药或附有燃烧生成物的碎片在内的爆炸残渣，根据爆炸残渣的破碎程度和飞散情况，还能推测出使用的爆炸物的种类及其用量。对于现场采集的爆炸残渣，除了可以用电子显微镜等检查外观以外，还可以使用微量分析仪或气相色谱质谱联用仪等分析仪器来鉴定其成分。如今，随着分析仪器的性能逐步提升，火药的分离与浓缩技术也在不断升级，我们已经可以检测出纳克级别的火药，并通过火药成分的不同来确定爆炸物的种类。此外，还可以利用捡取的巨大残骸推断出使用的物质，并制造同样的爆炸物进行还原实验。

1985年，日本成田机场行李输送带上的行李刚刚发生爆炸，正在大西洋上飞行的一架飞机便突然爆炸，酿成了一场巨大的灾难，机上的乘客及乘务人员等共329人全部死亡。侦查专家用一种叫作"X射线衍射分析"的方法对爆炸物的成分进行分析，发现两起事件均是由印度的锡克教极端分子制造的恐怖袭击。

至今，全球经历了2013年波士顿马拉松爆炸案、2015年巴黎恐怖袭击事件（自爆式恐怖袭击），此刻在地球的某个角落或许正在发生爆炸事件。爆炸发生在何时何地都不足为奇。

> 光靠我（爆炸物探测犬）很难防止自爆式恐怖袭击。所以急需进行次世代爆炸物探测犬的培育。

掌握爆炸现场的信息

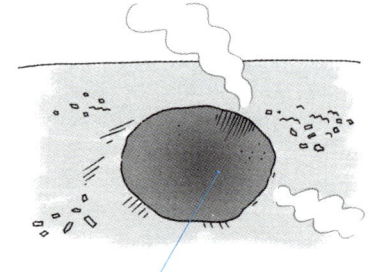

塑胶炸弹

爆破漏斗（爆炸口）

◆ 爆炸现场的侦查程序

确定爆炸物

① **发现爆破漏斗（爆炸口）**
确定爆炸中心点，通过爆破漏斗的大小推测爆炸的威力。检查土中的爆炸残渣。从起爆装置与定时装置的残骸以及未反应的爆炸物成分中判断爆炸物的种类。

② **寻找爆炸残渣**
残骸的飞散情况、爆炸物的碎片等信息和物质是了解爆炸物的种类及用量的重要样本。

③ **采集、分析爆炸残渣，确定爆炸物的种类**
除了可以用电子显微镜等检查爆炸残渣的外观以外，还可以使用微量分析仪或气相色谱质谱联用仪等仪器来鉴定爆炸物的成分和种类。

④ **还原炸弹**
　　利用飞散的大型残骸能够推测出炸弹所用的物质，将推测出来的物质组合到一起，可以还原出炸弹。将其与至今已发现的炸弹及爆炸装置进行比对研究，可以为追踪犯人或犯罪团伙提供有力的判断材料。

根据爆炸反应进行爆炸分类

爆燃（火药）
部分燃烧后，产生的热量按顺序逐步引起爆炸物反应的爆炸。以小于音速的速度燃烧。如火箭推进剂、猎枪弹药、用在导火索中的黑火药、烟花等。

爆轰（炸药）
爆炸性燃烧，火焰的传播速度超过音速，反应区前沿伴随着冲击波。如甘油炸药、塑胶炸弹、TNT（2,4,6-Trinitrotoluene，三硝基甲苯）等。

> 专栏

日新月异的警察侦查系统

针对越发复杂多样的犯罪,现在各个国家的警务关联系统都在致力开发新一代的安保系统。首要任务就是AI应用系统的搭建。现在,英国的警局已经利用AI组建了新项目,来预报大型事件的发生。他们甚至试图让AI预测有可能犯罪的犯人。当然,不可能在案件发生前就逮捕犯人,并且实施前还有很多问题需要解决。

中国发布了"无人AI警局"的建设构想。美国也已开始用AI指挥警察的巡逻路线,并取得了一定成绩。相信由AI操控的无人巡逻的时代即将来临。

日本警察厅也开始了应用AI的侦查系统试验,正在着手研究用AI识别监控摄像头拍摄的可疑车辆或可疑人物,以及对疑似禁运物品进行分析等工作。此外,警视厅还设有搜查共助科搜寻搜查班,该部门的工作人员可以用大脑记住通缉犯的容貌,从庞杂的人群中凭借职业技能找到犯人。虽然工作内容偏人工化,但他们现在仍然以极高的专业水准,不断斩获侦查成果。这种侦查方式充分彰显了刑警直觉的重要性,刑警的识别能力就连人脸识别技术都无法比拟,是能够发挥巨大作用的重要武器。传统的技能与新型的技术相辅相成,才能更好地保障社会治安。

> AI机器人指挥警察的时代或许就要来临了!

第 8 章

今后的科学侦查

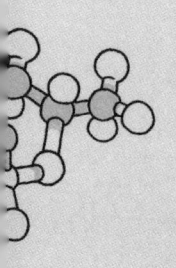

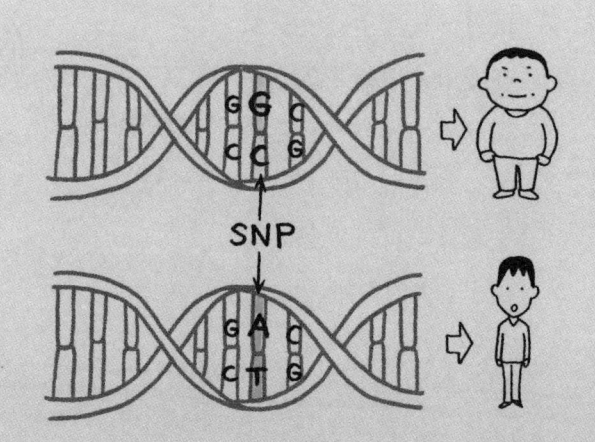

不断进步的基因解读
用DNA还原犯人的容貌

DNA鉴定是现今犯罪调查中不可或缺的技术。目前为止,没有比DNA鉴定的个人识别能力更高的科学鉴定手段。2003年,人类基因组序列图绘制完成,此后,随着各方面研究的不断发展和进步,我们在新闻上看到越来越多的克隆动物诞生、转基因食品出现,甚至利用基因编辑技术生下双胞胎姐妹之类的报道。

基因编辑是指通过改变人或动植物的目标基因,在生物体诞生之前改变其生命设计图的行为,基因编辑带给人类很大的震撼。

在科学侦查鉴定领域里,也应用SNP技术开发出了准确度高且适用范围很广的鉴定方法。利用SNP技术,一定程度上可以成功地鉴定出犯人的人种。

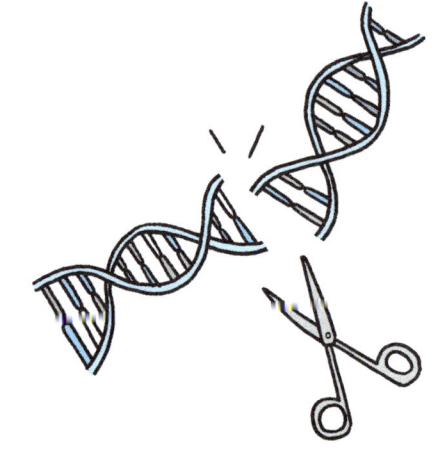

荷兰某大学医疗中心正在从事有关决定人类容貌的基因研究，目前已经确定5个基因与容貌的形成有关系。相信在不久的将来，侦查人员可以根据犯罪现场采集的DNA还原出犯人的容貌，并发布带有照片的通缉令！

采集及识别指纹的新武器
Livescan、3D指纹认证系统

以往,采集嫌疑人的指纹需要用特殊墨水将指纹采集到纸上。**Livescan(指纹感应扫描)是一种利用扫描技术的最新科技,能够迅速从手上扫描出指纹。**指纹印在玻璃表面上,通过激光照射就能形成图像,因此可以同时采集多个指纹。此外,扫描技术避免了手被墨水弄脏,重新采集起来也非常方便,而且,采集的指纹可以直接输入计算机,更便捷地保存到数据库当中。

美国FBI为了提高指纹识别的效率,开发了自动指纹识别系统AFIS的便携版,只要将Livescan和AFIS的系统联动起来,就能在包括犯罪现场在内的任何场所及时确认被调查人员的身份或进行遗留指纹的比对,既大大地缩短了调查时间,又提高了办案效率。

3D指纹认证系统支持对指纹进行三维读取,即使在指尖有脏东西、出汗或者环境条件并不理想的状态下,也可以采集到精确度高于平面指纹的指纹图像。

日本科学警察研究所把从紫外线到红外线的各种激光与高速光电探测器组合在一起,开发了时间分辨发光成像法。

这种方法能够控制指纹附着物的荧光反应，有效地检测出指纹的荧光并将指纹转换为肉眼可见的形态。

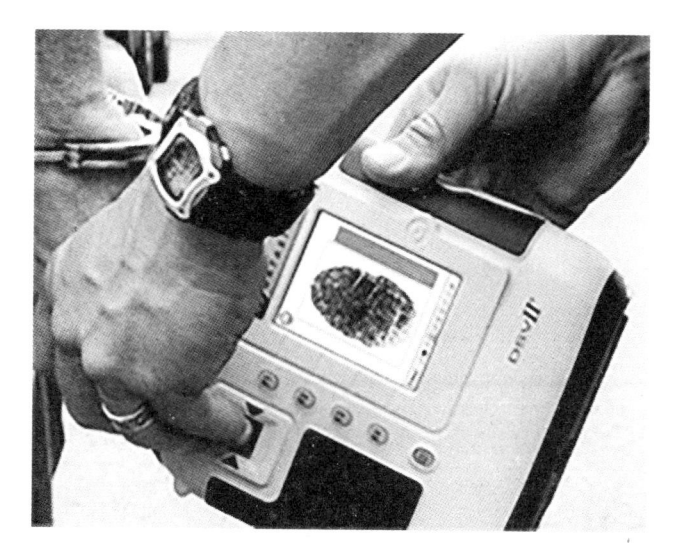

便携版AFIS

用Cyber-Sign识破插图及记号伪造
分析笔在空中的移动轨迹和速度

　　最先进的笔迹鉴定技术是个人网络签名认证系统Cyber-Sign（该词直译为"网络签名"）。这种系统经常被用在触屏手机上，如手写签名解锁屏幕或安卓应用程序等。

　　与一直以来由鉴定人员凭借经验及书写者的书写习惯来鉴定笔迹的方式不同，Cyber-Sign是一种能自动完成个人识别的系统，它可以将签名的形状、笔压、笔顺、笔在空中的移动轨迹及速度等信息分别体现在X、Y坐标轴上，形成书写变化曲线，再结合笔压对笔迹进行综合分析。

　　Cyber-Sign能识别出英文字母、汉字、记号及插图。它还能自动学习人由年纪增长带来的书写习惯的变化，所以即使书写者书写方式稍有变化也能保证较高的识别准确率。除字形以外，笔迹的其他特征也在识别范围内，所以无论模仿能力多么精巧，想要盗用签名几乎都是不可能的！

　　Cyber-Sign系统可以解决卡片和护照上签名被盗用的问题，能够很好地保障安全性，因此今后无实卡的卡片系统搭建备受瞩目。

科幻电影里演绎的世界并不仅仅停留在人类空想的阶段，而是正在一步步地变成现实。

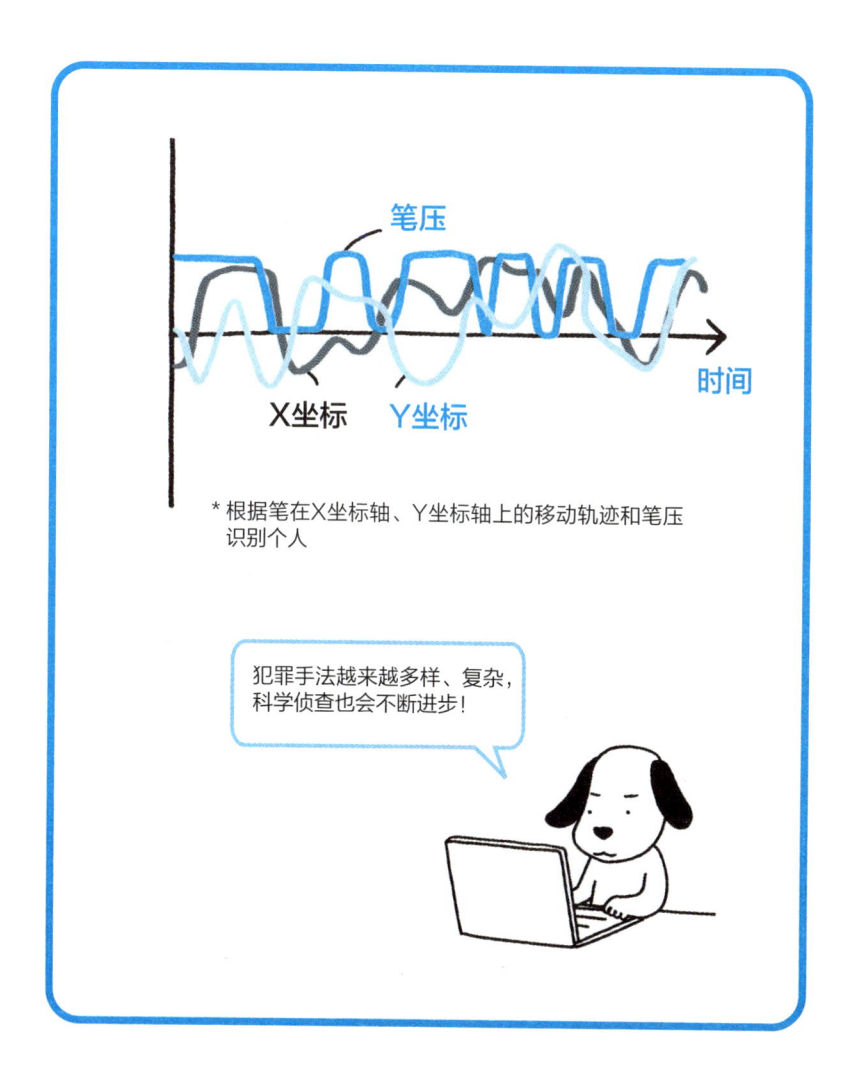

笔压

X坐标　Y坐标　　　　　时间

＊根据笔在X坐标轴、Y坐标轴上的移动轨迹和笔压识别个人

犯罪手法越来越多样、复杂，科学侦查也会不断进步！

侦查的新潮流——Comstat、太赫兹波
导入AI的安保系统

Comstat（"computer statistics"的简称，意为"计算机统计"）是一种备受瞩目的犯罪管理系统。**Comstat系统**通过分析GIS（Geographic Information System，地理信息系统）和以往日积月累的犯罪信息，推测下起案件发生的时间和地点。英国在Comstat系统中导入AI，并试图用新的AI系统侦破案件；日本神奈川县警局也用神奈川版的Comstat系统将可疑的人以"痴汉"罪名逮捕，取得了一定的成效。**太赫兹波**是一种频率介于电波和光波之间的电磁波。太赫兹波具有容易穿透各种物质的特点，可以不经过接触，仅根据穿透程度的高低就能判断出物质的成分和属性。太赫兹波可以从外侧探测行李，对于防止金属探测仪和X光安检机无法检测到的作案工具通过发挥着重要作用。

太赫兹波 根据频率分类		
频率（Hz）	种类	使用范围举例
100P	X射线	X光
10P	紫外线	黑光灯
100T	红外线	遥控器
1–10T	太赫兹波	
100G	毫米波	雷达
10G	SHF（厘米波）	卫星通信
1G	UHF（分米波）	手机
100M	VHF（超短波）	电视机

M：兆（10^6）；G：吉（10^9）；T：太（10^{12}）；P：拍（10^{15}）

Comstat
犯罪信息地图
气象及地形信息（GIS）
重点巡逻

Comstat

结合"computer"（计算机）及"statistics"（统计）造的词。

探索被检测人员的生理反应——多种波动描记器检测
检查呼吸、血压、皮肤电反应

人在感情变化时，往往会伴随出汗、心跳加速等现象。**多种波动描记器**可以检测并记录身体无意识中产生的微妙变化。"多种波动描记器"的意思是"记录多种波动的仪器"，俗称"测谎仪"。因此，人们一般认为这是一种能判定被检测人员回答是否属实的仪器。准确地说，其原理其实是读取人们撒谎后因心理压力而产生的生理反应。多种波动描记器**主要检测呼吸、血压、皮肤电反应、脉搏等**。日本的科学警察研究所设有总共能检测出20多种生理反应数据的装置。由于这种检测方法并不涉及明确的化学反应，所以其结果很少被当作审判的证据，不过相关研究水平在逐年提高，相信在不久的未来，就能取得进一步的成果。

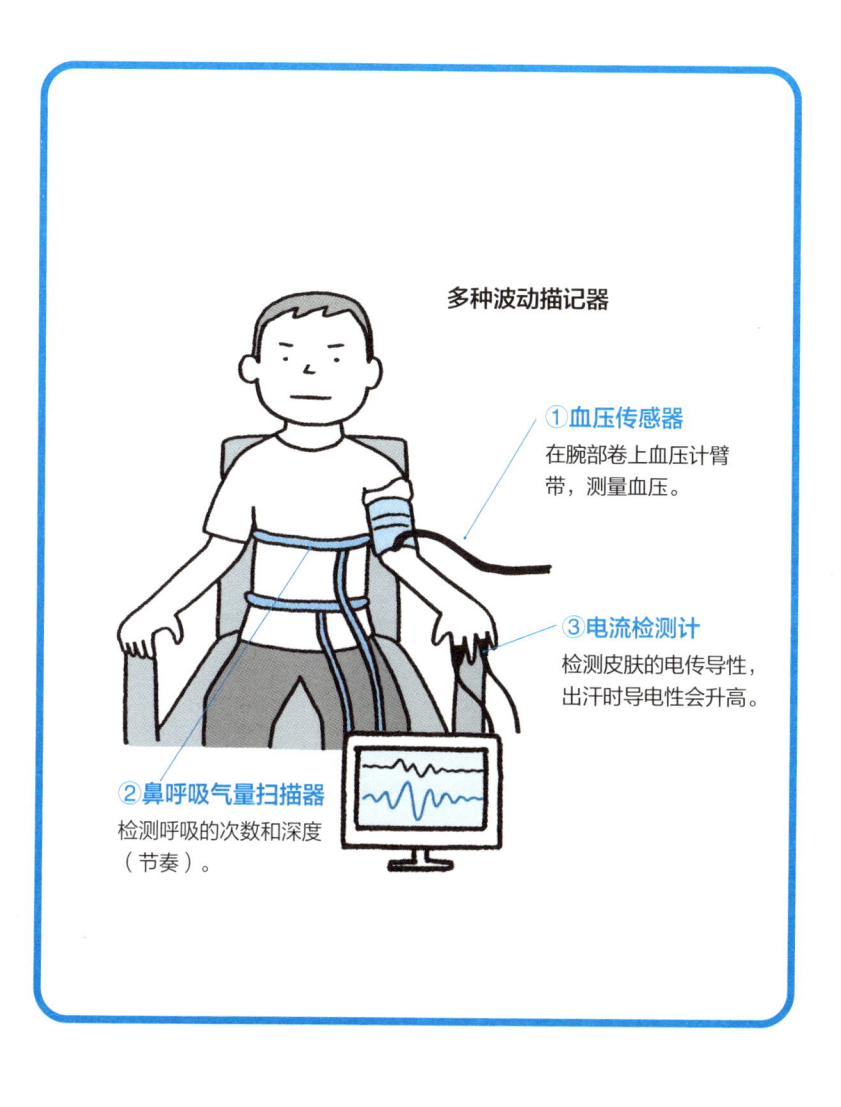

多种波动描记器

① **血压传感器**
在腕部卷上血压计臂带，测量血压。

③ **电流检测计**
检测皮肤的电传导性，出汗时导电性会升高。

② **鼻呼吸气量扫描器**
检测呼吸的次数和深度（节奏）。